商业的盛道

艾清华◎主编　　陈艾嘉◎副主编

人民邮电出版社

北　京

图书在版编目（CIP）数据

商业的盛道 / 艾清华主编 ; 陈艾嘉副主编 .

北京 ： 人民邮电出版社， 2025. -- ISBN 978-7-115
-67141-7

Ⅰ. F713

中国国家版本馆 CIP 数据核字第 2025CC0553 号

内 容 提 要

本书以作者十余年对稻盛和夫经营理念的深入研究与实践为基础，系统阐述了稻盛和夫经营哲学在现代商业环境中的核心价值与应用路径。书中通过对阿米巴经营模式、经营十二条等核心理念的剖析，揭示了企业在复杂多变的市场环境中实现持续增长与高效协同的内在逻辑，并结合作者自身多年实践，深入探讨了稻盛和夫经营哲学在企业管理、战略决策与文化建设中的具体应用，为读者提供了一套完整的经营方法论体系。同时以实际案例为支撑，阐述了如何在企业内部构建信任机制、激发员工潜能，以及如何通过利他经营实现企业价值与社会价值的统一。

本书不仅是一部理论著作，更是一本实践指南，为企业家和管理者提供了深刻的洞见与行动框架，助力其在商业世界中实现真正的"盛道"。

◆ 主　　编　艾清华
　　副 主 编　陈艾嘉
　　责任编辑　程珍珍
　　责任印制　彭志环
◆ 人民邮电出版社出版发行　　　　　北京市丰台区成寿寺路 11 号
　　邮编 100164　　电子邮件 315@ptpress.com.cn
　　网址 https://www.ptpress.com.cn
　　北京捷迅佳彩印刷有限公司印刷
◆ 开本：880×1230　1/32
　　印张：8.25　　　　　　　　　　2025 年 7 月第 1 版
　　字数：200 千字　　　　　　　　2025 年 9 月北京第 3 次印刷

定　价：69.80 元

读者服务热线：（010）81055656　印装质量热线：（010）81055316
反盗版热线：（010）81055315

推荐序一

　　艾清华女士是厦门弘盛世教育有限公司的创始人，持有国际注册会计师（International Certified Public Accountant，ICPA）资格认证，获得国家内控管理师职称。在企业管理领域，尤其是财务管控方面拥有丰富的经验。曾担任雅高控股（股票代码：03313.HK）常务副总裁兼财务总监，主导公司香港上市工作，并历时两年半完成财务管理体系重构。

　　厦门弘盛世教育有限公司自成立以来，在艾女士的带领下，公司咨询培训团队先后为广东、黑龙江、河南、河北、吉林、辽宁、新疆等地的数十家企业提供阿米巴经营理念及实际操作要领指导，助力阿米巴经营模式在中华大地落地生根。通过帮助企业提升经营效益，团队开展了大量卓有成效的工作，获得了客户的一致好评。

　　我与艾女士相识于 2023 年 8 月 15 日。在此之前，长春盛和塾事务局曾联系我，表示厦门弘盛世教育有限公司董事长艾清华女士撰写了一本关于阿米巴经营的著作，希望我能为该书撰写推荐序。尽管我从事稻盛和夫经营哲学研究已有25年，指导过两名硕士研究生完成相关课题研究，并曾担任东莞石龙京瓷光学有限公司中国经营研究所兼职顾问长达12年，但需要说明的是，虽然我对阿米巴经营理论进行过系统性研读，但是始终缺乏直接的阿米巴经营咨询与培训实践经验。在过往的教学研究工作中，我接触过众多企业管理者，深知实务界人士对缺乏一线管理经验的学者的指导意见往往持审慎态度。基于这份自知之明，我当时婉拒了艾女士的邀约。

艾女士是一位办事极为认真的人，她专程来长春与我面谈，并向我系统展示了她这部书的电子版内容。为获取企业界的反馈，她特意邀请长春当地多位企业家对该书各章节进行审阅评点，其治学之精益求精令人钦佩。更令人感动的是，她提出希望查阅我的藏书，在征得我同意后来到寒舍。面对我收藏的稻盛和夫研究论著，尤其是早期译本，她不仅恳请协助查找如今市面难寻的典籍，更对涉及稻盛和夫及京瓷集团的片段内容逐帧拍摄记录或即时进行网络检索、订购。这种孜孜以求的治学精神，正是她在专业领域取得卓越成就的核心动因。

艾女士撰写的《商业的盛道》一书，将其在历次企业咨询培训中的操作要领和盘托出，可供实际操作者参考。该书堪称企业人员运用阿米巴经营原理的操作手册。

为撰写本书推荐序，我曾询问艾女士的创作初衷。她表示，目睹众多企业家迫切希望实现企业基业长青、创造高收益、提升员工幸福感的愿景，作为在企业一线奋斗二十余载的前高管，她深感共鸣，希望能为同行者提供切实助力。

她回忆道："在雅高控股有限公司（以下简称雅高控股）担任常务副总裁兼财务总监期间，虽通过团队协作在摸索中取得一定成绩，但反思后发现，这些经验缺乏可供业界参考的普适性经营原理。"为此，她系统研读了国内外知名学者及企业家的著作，虽觉理论精妙，但对照中国企业现状时，常感隔靴搔痒，实操指导价值有限。转机出现在偶然接触日本"经营之圣"稻盛和夫的哲学体系。尽管初闻"经营哲学"概念时，这位实务派高管本能地质疑其"虚"——毕竟企业经营管理向来强调"实学"，但随着深入研读，她不仅折服于这位缔造三家世界 500 强企业（含日本航空）的商业传奇人物，更发现其哲学体系蕴含切实可行的人生智慧与管理实学。而今，艾女士研习传播稻盛和夫的经营哲学已逾十载，其言行举止皆可见该理念的深刻影响。尤其对稻盛和夫将哲学思想转化为企业长青基石的实践智慧，她始终保持由衷敬佩与学术热忱。

在持续研读中，她逐渐领悟到稻盛和夫创造辉煌的秘诀——"以心为本"的经营哲学。首先，经营者需不断打磨"自力"：通过清除心灵杂草、提升心性，增强个人感召力，从而成为组织中的"漩涡中心"，将员工凝聚至身旁。这种自然形成的向心力，会构筑起以经营者为核心、成员心灵相通的事业共同体。继而，以此团队为新的"自力源"，将其能量辐射至全体员工，使每位成员都转化为企业经营的自主驱动力。经营者需兼具"凝固剂"与"催化剂"双重职能：前者通过价值观融合形成无坚不摧的凝聚力，后者则通过搭建赋能平台，激发员工从"被动执行者"蜕变为"自我驱动的自燃体"。在此过程中，企业得以培育基业长青的基因体系。值得一提的是，稻盛和夫在实践心性经营的同时，还创新性地开发出适配的落地工具——阿米巴经营模式，实现了哲学理念与方法论的高度统一。

艾女士及其团队结合自身学习及践行阿米巴经营模式的经验，编撰成《商业的盛道》一书。该书旨在将复杂的经营理论化繁为简，为潜心研习稻盛和夫经营哲学的企业界人士提供实践抓手，助其真正领悟哲学精髓。通过将阿米巴经营模式与本土企业实际深度融合，该体系得以在企业土壤中扎根、生长并结出硕果。值得注意的是，在践行稻盛和夫经营哲学与阿米巴经营模式过程中，需秉持辩证思维，统筹六组核心关系：大道理与小道理、宏观与微观、虚与实、道与术、本与末，以及治本与治标。其中，经营哲学为体，阿米巴经营模式为用。二者并非通过简单量化（如资源配比或投入比例）实现平衡，而取决于经营者的价值排序——何者为根基性存在，何者具备统帅地位，本质上关乎"哲学引领经营"还是"经营消解哲学"的根本抉择。

我们在咨询培训中发现，所接触的企业经营者普遍对阿米巴经营模式的细节非常重视，但艾女士强调的思想基础和出发点则与之迥然有别。大部分经营者通过学习稻盛和夫经营哲学，为其理念所折服，进而以该哲学指导企业运营，旨在打造如京瓷般的卓越企业，并在其基础上引进阿米巴经营模式。然而，也有部分经营者仅着眼于阿米巴经营模式可能带来的丰厚利润，却忽视领悟稻盛和夫经营哲学的真谛，甚至与其核心理念背道而驰，最终导致缘木求鱼、事与愿违。此类经营者往往不反思根本原因，反而质疑阿米巴经营模式的科学性与实用性，这正是培训中最棘手且耗费精力的环节。

艾女士及其所带领的阿米巴经营培训团队，花费大量精力反复打磨，撰写了这部著作，旨在帮助学习践行阿米巴经营模式的企业经营者少走弯路，实现创造高收益、守护全员幸福的目标。

最后，我想说几句与本书相关但无直接关联的"题外话"。

我殷切期待看到一部突破京瓷版阿米巴经营模式、具有开放视野的阿米巴经营著作问世。建议采用的培训模式可融入以下创新范式：今井正明的"持续改善"理论、丰田生产体系的"可视化"与"杜绝浪费"理念、佳能的"细胞式生产"模式，以及日本"工匠精神"等精髓。借助熊彼特"创新理论"中的组合式创新方法论，将这些管理精华熔于一炉，淬炼出符合中国国情的阿米巴经营理论体系。如此，贵公司的培训业务将立足更广阔的视野，其效果必将更加显著且可持续。

耄耋老人　刘荣谨识

推荐序二

关于对艾清华老师的称呼，我更喜欢称她为"艾总"，因为在稻盛实学体系的导师团队中，艾总是一位兼具企业家实战成功经验与教学能力的导师。她既能以经营者的战略视野把握全局，又能从执行者的实践角度深入理解，真正贯通了稻盛和夫先生创立的阿米巴经营模式精髓。

初次认识艾总是在 2015 年成功方程式全员点燃班课程现场。当时，艾总带领雅高控股的 7 位核心管理层成员参加我在盛和塾开设的成功方程式课程培训。课程培训结束后，艾总便邀请我到雅高控股开展了几场内训。在为雅高控股导入成功方程式哲学体系的过程中，我了解到这家公司展现了非凡的魄力——愿意在两年内投入 1 000 万元人民币，专门从日本京瓷集团总部邀请稻盛和夫先生的左膀右臂，即阿米巴专家团队，结合稻盛和夫先生的阿米巴经营模式，亲自辅导集团落地阿米巴体系。仅专家团队连续两年每月一次从日本飞赴厦门进行辅导的费用，就是一笔巨额开支。而艾总作为日本京瓷阿米巴团队导入阿米巴实学及人事考评体系的负责人，同时担任集团阿米巴运营的统筹者，主导了全盘工作。此外，艾总作为雅高控股（股票代码：03313.HK）常务副总裁兼财务总监，不仅用两年半时间重构了财务管理体系，还将成功方程式哲学体系、阿米巴实学体系与人事考评体系系统化落地于集团。她主导了雅高控股在香港的上市进程，使一家亏损公司转型为年利润超亿元的上市公司。

在两年投资上千万元导入阿米巴体系的过程中，艾总深深感受到了稻盛和夫经营哲学的威力，也感受到塾长传播稻盛和夫经营哲学、成立盛和塾的愿望。为了回报稻盛和夫先生的教导之恩，在本可以拿着优厚收入享受人生的时候，艾总却以师志为己志，传播稻盛和夫经营哲学，让更多企业因为阿米巴实学体系而成为高收益的幸福企业。

多年来，艾总在广东、黑龙江、河南、河北等地，通过定期授课，系统传授阿米巴经营理念，帮助塾生企业以极低成本掌握经营基础。其先后辅导数十家企业开发的课程体系，受到众多理事长企业广泛欢迎。在本人担任河南盛和塾理事长的六年里，我发现经艾总及团队辅导的企业逐步建立了科学的人事考评体系与阿米巴运营体系，不少企业实现了数倍至数十倍的业绩增长。其中，成功方程式团队在艾总及其团队的专业指导下，不仅成为重要受益者，更推动了该体系在哲学理念与经营实学融合层面的突破性发展。

正如艾总所言，我们为何要出版《商业的盛道》？其核心价值与使命何在？答案其实很简单：我们深知，无数企业家都渴望将企业经营得卓越长青，创造持续高收益，实现基业传承。但现实的经营之路布满荆棘，企业家们往往在决策高地上孤军奋战，承受着难以言说的压力与困惑。如何破解经营困局，实现真正意义上的幸福经营？如何让稻盛和夫先生留下的东方经营智慧，切实助力中国企业迈向受人尊敬的高收益幸福企业？这正是艾总十年磨一剑的初心——她通过系统性研习京瓷哲学，在百余家企业实战中淬炼出阿米巴本土化落地体系。这套经过验证的方法论，将带领企业实现从认知革新到实践突破的蜕变，正如艾总已成功辅导的数十家企业那样，逐步构建起具有中国特色的阿米巴经营体系，最终成就兼具社会价值与商业生命力的幸福型企业典范。

洪伟

中国盛和塾特聘认证主讲老师

成功方程式（北京）文化有限公司董事长

推荐序三

　　当今世界，正处于百年未有之大变局，人类社会面临前所未有的挑战。对企业家而言，如何把握正确的经营之道，透过种种表象，抓住企业经营的实质和核心，是永恒的课题。而日本著名企业家、教育家、被称为"经营之圣"的稻盛和夫先生给出了自己的答案。

　　稻盛和夫先生的成功经验，我们称之为稻盛和夫经营哲学，其核心是把"作为人何谓正确"当作判断一切事物的基准，即把作为人应该做的正确的事情以正确的方式贯彻到底。

　　追求"作为人何谓正确"，落实到企业经营的具体模式中，就是我们熟知的阿米巴经营模式。稻盛和夫先生创建京瓷集团、KDDI 及成功拯救日航的实践成果，正是持续贯彻稻盛和夫经营哲学和推行阿米巴经营模式的典范。

　　艾清华老师多次到我公司指导阿米巴经营体系的实践与落地工作，她的认真、专业、纯粹和智慧，使我们团队受益良多。

作为国际注册会计师，艾清华老师不仅完整主导过企业导入阿米巴经营的全过程，更长期从事阿米巴经营的教育推广与企业实践指导工作，具有丰富的本土化实操经验。

期待广大读者通过研读艾清华老师的著作，为企业经营提供有效指导，助力企业健康发展，最终成为员工幸福、客户信赖的高收益幸福企业。

温汉清

广州市莱克斯顿服饰有限公司董事长

推荐序四

　　我有幸于2019年通过"人事研修营"结识艾老师，历时6个月系统学习了阿米巴经营模式，不仅建立起对阿米巴经营模式的认知，更从艾老师身上感受到"哲学血肉化"的实践典范力量。在指导我们解析核算表、探究哲学与阿米巴经营体系关系的过程中，艾老师始终以哲学本质为基点，耐心引导我们审视经营现场问题。"数据是有生命、会说话的"，这句艾老师反复强调的核算表解读精髓，已成为我们践行经营哲学的重要指引。

　　艾老师的《商业的盛道》一书，将多年实践阿米巴经营模式的落地经验转化为可视化工具，提炼出可复用的方法论传递给企业，助力企业成功落地阿米巴并实现幸福经营。作为一本即学即用的阿米巴实操指南，我们通过艾老师的专业指导已在阿米巴实施中取得显著成效。艾老师始终强调阿米巴的核心要义在于"起于使命、终于使命"，正如其提出的

"阿米巴是践行经营哲学的实践道场"这一核心理念。在具体实施层面，艾老师特别注重行动计划的制订——要求责任落实到人、细节分解到位、节点管控到日；在费用管理方面倡导"战略性投入与精准化支出相结合"的原则，强调所有经营数据都要以货币量化呈现。书中的诸多创新理念为企业打开了全新视角，每当我们在编制核算表遭遇瓶颈时，艾老师的指导总能带来突破性启示。感恩艾老师以利他之心助力企业践行阿米巴经营模式，其专业辅导与持续陪伴已成为我们成长道路上弥足珍贵的精神财富。

艾老师讲述的阿米巴经营模式始终强调回归使命，坚持一切为使命服务的核心理念。通过构建使命→愿景→价值观→企业战略→业务战略→职能战略的完整逻辑链条，引导我们系统思考企业战略规划，不仅让企业开启新的航程，更能确保这艘巨轮始终沿着正确航道前行。课程巧妙地将哲学理念与经营实学相结合，既实现全员哲学共有，又通过阿米巴经营数据的透明化激发全员参与意识。尤为令人深思的是，课堂创新的实践印证了：当真正秉持利他之心为伙伴成长考量时，解决方案总会超越困难障碍——这种思维突破彻底改变了传统授课模式，真正践行"一切以学员收获最大化"的教学宗旨。艾老师关于阿米巴经营模式的深度阐释，赋予我们在哲学共有道路上更强的信念力量，激励管理团队在践行稻盛和夫经营哲学、提升企业经营效益、实现员工物质与精神双幸福的征程中持续精进。

稻盛和夫先生创立的阿米巴经营模式，旨在通过组织细分实现管理灵活性。该模式要求企业构建完整的阿米巴单元体系，推动精细化运营向基层纵深发展：在操作层面直达最小业务单元，在绩效评估方面则通过单位时间核算表的数字化呈现使每位员工对企业价值创造的贡献清晰可见。各业务部门通过市场压力传导机制形成良性互动，有效提升企业协同效能，这正是践行稻盛和夫经营哲学中"以心为本"理念的体现——通过哲学理念与核算制度的融合，在企业内部形成统一的价值语言体系。

当团队建立起这种心灵相通的沟通机制时，便能产生强大的凝聚力。正如"人心齐，泰山移"的古训，心性修为可以催生无限管理智慧。需要说明的是，艾老师创造性地探索出阿米巴本土化落地的系统方法论，将复杂的经营哲学转化为可执行的管理工具，这无疑是企业经营管理体系升级的重要突破。我们衷心感谢艾老师以普惠之心推动幸福企业建设，其深耕阿米巴落地实践的专业精神，正助力中国企业的转型升级。相信随着对阿米巴经营模式本质认知的深化，通过构建全员参与的经营体制，必将实现企业持续盈利与员工幸福的双重目标。

张春奇

大连和善企业管理投资公司董事长

自　序

　　为什么要出版《商业的盛道》？其目的与意义何在？当今企业家无不追求基业长青、创造高收益，但在实际经营中却面临诸多挑战，常感"高处不胜寒"。因此，如何帮助企业家实现幸福经营？

　　通过十余年对稻盛和夫经营理念的研究与实践，我深切体会到：这套理念不仅根植于中国圣贤智慧，更与中华文化复兴战略高度契合。其精髓在于将儒释道思想活化于企业经营，实现东方智慧与西方管理科学的有机融合。尤其值得称道的是，稻盛和夫先生以此理念成功缔造三家世界 500 强企业，其中日航重建案例更是商界传奇。若能切实践行这套经营哲学，必将助力企业家突破困境，实现可持续发展。这正是我们致力推广该理念的初心：让幸福经营理念惠及全球企业，推动世界经济繁荣发展，更期许中华大地上涌现更多幸福企业。

　　稻盛和夫先生 27 岁白手起家创立京都陶瓷株式会社（现

称京瓷集团）；52 岁时为降低日本国内长途通信费用、提升日本国民生活品质，创办了 KDDI 电信公司；78 岁高龄时，应日本首相鸠山由纪夫再三邀请，临危受命执掌濒临破产的日本航空公司。仅用 424 天就实现惊人逆转，将日航从 1 800 亿日元巨额亏损扭转为 1 884 亿日元盈利，创下 17.01% 的经营利润率，这一指标远超全球航空业平均水平。更缔造了航空业三项世界纪录：航班准点率全球第一、顾客满意度全球第一、经营利润率全球第一。

稻盛和夫先生创造辉煌的秘诀是什么？答案便是"心本经营"。当经营者的心灵变得纯粹，便能焕发巨大能量；当团队的心灵彼此敞开、紧密凝聚，便能汇聚强大力量。正所谓"人心齐，泰山移"。稻盛和夫先生不仅凝聚人心，更探索出一套简单易懂、适用于各行各业的经营管理方法——阿米巴经营模式。为何称其"适用于各行各业"？因企业经营的底层逻辑始终是"销售最大化、费用最小化"。

作为稻盛和夫理念的受益者，我深有体会。2016 年自主创业前，我是一名财务出身的职业经理人。在担任雅高控股（股票代码：03313.HK）财务总监期间，公司成功登陆香港主板。为回馈投资人，公司特邀日本京瓷阿米巴咨询团队进行管理升级，我有幸担任项目落地负责人，跟随原田拓郎、森田直行、小仓良文等导师深入学习实践稻盛和夫经营哲学。在此过程中，我的心性愈发柔软，逐渐领悟到经营的真谛在于以爱凝聚团队，而非一味苛求；在于培育滋养，而非机械管控。随着团队心力的凝聚，公司业绩从上市当年亏损 40.2 万元，逆转为 2014 年盈利 1.02 亿元。

自此，我立愿传播稻盛和夫智慧，助力更多企业实现高收益与幸福经营，遂创立厦门弘盛世教育有限公司。十年磨砺，通过持续研习、践行与团队共创，我们撰写了《商业的盛道》，旨在化繁为简，让有缘接触并笃信稻盛和夫经营哲学的企业家，能高效落地经营理念，减少试错成本，以最小投入激发员工潜能、创造高收益，在保障股东回报的同时，守护全员幸福，并为行业、区域乃至社会进步贡献力量。

为深入解读稻盛和夫思想，我亦研修中国软实力全球总裁班课程，将传统智慧融入现代商道，助力企业家以智启业、以商载道。感恩麦克·罗奇格西老师以幽默与智慧启迪传承！虽稻盛和夫先生已逝，我辈更感重任在肩——愿稻盛和夫精神永续，幸福企业遍寰宇，为世界繁荣倾尽绵力。谨以此文铭志，感恩稻盛和夫先生智慧加持！

艾清华

厦门弘盛世教育有限公司创始人

2024 年 4 月 2 日于日本京都

目 录

第一章

商业的本质是利他

　　企业的存在都是为了解决某个社会问题。既然是解决问题，就要遵循特定的原理与原则。遵循什么样的原理与原则呢？核心在于利他原则。为什么必须以利他为准则？因为利他是符合宇宙规律的运行法则。依道而行，行稳致远。经商的根本之道在于秉持美好而远大的愿景，通过帮助世人、造福社会来实现价值。唯其如此，企业方能基业长青。

　　人是企业的根本，究其本质，经营企业就是经营人。既然以人为核心，那么企业应致力于将人培养成何种样态？这就需要明确的人才标准与培养目标。稻盛和夫先生生前总结的人生哲学中，曾提出几个深刻的灵魂之问：我们从哪里来？人生的目的和意义是什么？人应该怎样活着？未来将去向何方？

　　稻盛和夫先生给出的答案是：人活着是为了不断地提升心性，磨炼灵魂，让我们离开这个世界时比来到这个世界时灵魂更高尚一点点、进步一点点。

　　人应该怎样活着？稻盛和夫先生在《活法》中谈到：人应该为世人、为社会做贡献。他总结出了成功方程式：人生·工作的结果＝思维方式 × 热情 × 能力。从公式本身来看，以终为始，要想度过美好的人生，我们每个人都必须通过工作来成就自己的一生。如何让自己的人生价值最大化？首先必须拥有正确的思维方式，再加上热情，能力则是以"将来进行时"为目标，不断成长进步，这样的人生之积必定是最佳的。

将来去到哪里？通过此生的努力，不断净化心灵，来生可以乘愿再来，服务大众，成就更优秀的自己。

关于生命归宿，稻盛和夫先生认为，通过今生的心性修炼与灵魂净化，方能获得来世乘愿再来的机缘，在更高维度践行利他之道，成就更圆满的觉性。

"利他就是最大的利己"——这便是稻盛和夫先生的人生哲学。自利利他，即要想利己，必先利人。这正是因果法则的体现。无论是企业家还是个人，若想获得美好人生，都应当遵循并践行这一法则。恰如古谚所云："爱出者爱返，福往者福来。"

稻盛和夫先生著有《经营十二条》这一经典著作，且生前持续开展对该书的系列解读。诸多企业家都曾通过视频课程研习过稻盛和夫先生对《经营十二条》的深度阐释。直至生命的最后阶段，他仍在对该书进行补充讲解，足见经营哲学在其思想体系中的核心地位。这一行为既彰显了稻盛和夫先生追求极致的专业态度，更体现其"精益求精，止于至善"的治学精神——始终以严谨求实的态度对待知识传播，力求内容翔实、表述精准。

在《经营十二条》中，稻盛和夫先生首先引导经营者思考企业的根本命题："经营企业的目的和意义究竟是什么？"这本质上是对企业"大义名分"的哲学追问——我们为何从事这项事业？能为社会创造何种价值？解决哪些社会问题？根据稻盛经营哲学的三段论架构：首要维度是"为员工谋幸福"，确保员工物质与精神的双重丰裕；其次需实现"为客户谋价值"，提供超越期待的产品与服务；最高层次在于"为社会谋发展"，推动行业进步并促进人类福祉。

在稻盛和夫先生的经营哲学中，对经营目的的深刻思考并非孤立存在，而是有更为系统且完整的理论架构支撑，这一架构完整地体现在《京瓷哲学》这部经典著作中。稻盛和夫先生始终强调哲学的首要地位。正如他所言，哲学不应流于口头背诵，而应贯彻于日常工作和生活实践。正因如此，稻盛和夫先生提出"将哲学转化为具体数字指标方为经营之道"的核心观点。为了将稻盛和夫先生的经营哲学从抽象理念转化为具体的行动指南，我们可以从以下几个关键维度入手，对"京瓷78条管理哲学"加以解读，这些维度不仅涵盖个人修养，也涉及企业经营的核心环节，谨此抛砖引玉，供诸位同仁参考研讨。

1.1 度过美好人生

1.1.1 提高心性

✦ 第1条 与"宇宙的意志"相协调

宇宙的意志在经营数据上的体现可归纳为"爱"与"利他"两大核心要素，具体目标可分解为：（1）对内维度，即人文关怀，如关爱员工规模（覆盖多少员工）、创造就业岗位

（提供多少就业机会）；企业承载力，如企业可容纳的员工数；经济指标，如年度利润目标；（2）对外维度，即客户服务，如客户规模（覆盖多少用户群体）、客户价值创造（提供哪些核心价值）；社会贡献，如纳税总额（年度纳税指标）、社会价值创造（除经济贡献外的社会效益）。

✦ 第 2 条　爱、真诚及和谐之心

爱是将他人的幸福视为己任，真诚是恪守诚信的处世准则，和谐是统筹人际关系、社会协作与生态平衡的智慧结晶。企业应构建具有正向吸引力的文化磁场，通过营造积极的工作生态和可持续的发展模式，实现多方利益相关者的价值共生。水利万物而不争。

✦ 第 3 条　以纯洁的心灵描绘愿望

企业的经营目标均以"利他"为导向，其核心在于秉持纯粹的初心经营企业——围绕核心理念的落实设定经营目标。虽然遵循"销售最大化、费用最小化"这一基本经营原则，但核心指标应聚焦于：服务多少客户？为客户创造何种价值？以企业产品或服务为载体，传递人文关怀与正向能量，在实现商业价值的同时推动经济繁荣与社会和谐。

✦ 第 4 条　拥有坦诚之心

做不到的事情要如实说明。这样既能给人带来安全感，又能以真诚的态度待人，从而更易于建立信任关系。当下做

不到不代表未来做不到，为了更好地帮助他人，我们需要坦诚面对自身局限，并不懈努力，终将实现利他之愿。诚信赢天下，正如古语所云："百术不如一诚！"

✦ 第 5 条　必须始终保持谦虚

"必须"警示我们始终践行，"始终"强调从始至终都要保持谦卑。创业时要谦虚，多向他人学习；成功时仍需保持谦逊低调，要感恩他人的帮助——正是这些帮助才让我们取得今日的成就，所有成果都离不开他人的支持。因此，要时刻心怀感恩！中国古语有云："谦受益，满招损。"《论语》所言"吾日三省吾身"，正是教导我们要持续自我反省，觉知本心。正如稻盛和夫先生每日对镜自省，检视修正自己一天的言行。

✦ 第 6 条　怀有感谢之心

对万事万物都要感恩，一切都是让我们成长的契机。无论是顺境还是逆境，都是来教导我们、成就我们的，关键在于我们能否接得住这份馈赠。稻盛和夫先生说过，活着，就要感谢！这是人生的大智慧。

✦ 第 7 条　保持乐观开朗

无论是经营企业还是经营自己的人生，我们都应该保持积极向上的心态。困难是磨炼我们成长的契机。我们要营造积极乐观的氛围，和伙伴或家人一起战胜困难，迈向美好的明天。即使是平淡的日子，也要让它充满快乐。今天的你，微笑了吗？今天的你，关爱他人了吗？

1.1.2　精益求精

✦ 第8条　为伙伴尽力

无论是家人还是团队伙伴，我们都要秉持关爱之心，对他们的成长和进步提供支持；只有团队成员互助互爱，才能产生最大价值。企业如此，家庭亦如此。每天扪心自问：今天帮助他人了吗？今天让他人开心了吗？可以做"六时书"或"功过格"，记录一天中所思、所行、所言是否保持正念或善意；是否真正用行动去帮助他人；是否传递了正能量。白天每两个小时反省一次；或者一天工作结束后，回顾一天中做的好事和做得不好的地方，用两种不同颜色的"心"表示：善意、善行用红色；错误的思维、语言或行为用黑色。通过每天记录的结果，就能清楚地看到自己的成长进步或问题所在，从而更好地认识自己，更好地成长进步。

✦ 第9条　构筑信赖关系

信任是合作的基础，尤其是在当下社会诚信缺失的情况下，这一点显得尤为重要。我们首先要选择相信他人，为什么呢？我们每个人都希望获得他人的信任，那我们首先就要学会信任他人。这是因果法则。相信家人，相信合作伙伴，相信"相信"的力量！此处，稻盛和夫先生倡导的是"信赖"。如何构筑信赖关系？首先是对言行的信任，如这件事交给你做我放心，相信你能完成工作；这是对行为的理性判断。而信赖不仅是言行的判断，还包含了情感因素，是感性与理性的结合。例如，孩子在学校受挫了，通常会找父母倾诉，寻求帮助，这就是"信赖关系"——一种不可抗拒的依赖；也就是现在网络上所说的"铁粉"或"忠实客户"。思考一下，有多少员工是我们的"铁粉"？有多少客户是我们的"铁粉"？如何让更多的员工和客户成为我们的"铁粉"？每年能吸纳多少人成为我们的"铁粉"……

✦ 第 10 条　贯彻完美主义

所谓"完美主义"，就是注重细节，力求每个细节都做到位、做到极致；从企业经营的角度来看，各项指标的达成率必须是 100%。稻盛和夫先生说过，对于经营目标，绝不能含糊，哪怕达成率是 99.99% 都不叫完美。在京瓷集团，产品研发的成功率是 100%。这就是稻盛和夫先生贯彻完美主义的体现。在日常工作中，我们必须用心践行，虽然追求完美往往不尽如人意；但如果稍有松懈，结果可能会谬以千里。

✦ 第 11 条　认真努力，埋头苦干

成功没有捷径，只有通过认真努力的工作，每天进步1%，持续不断，才能取得成果。衡量进步与否的指标，要看环比是否增加；如"单位时间附加值"这个指标，昨天比前

天进步了多少？今天比昨天有所提升吗？明天会比今天有所提升吗？哪怕是一点点的进步，日积月累就是进步一大步。因是"每天努力"，果是"进步一点点"，过程的积累，聚沙成塔。

✦ 第 12 条 脚踏实地，坚持不懈

制定目标后，要一步一个脚印去实现，不能急于求成。在追求目标的过程中，会遇到各种困难和挫折，要坚持不懈，不轻言放弃。把目标分解到最小的阿米巴单元，到人、到日；每天都要给自己设定一个成长小目标，每天检视自己的成长目标是否达成；如果达成，就小小庆祝一下，保持喜悦的状态成长，在喜悦中挑战自己！

✦ 第 13 条 自我燃烧

要有强烈的自驱力，自发自动地开展工作，燃烧自己，照亮他人。要成为漩涡的中心，带动身边的人，让大家积极向上。要营造积极奋进的磁场，给自己设立目标：影响了多少人积极向上？什么时候实现这个目标？阶段性目标是什么？具体方法是什么？如何转化为每日行动方案？每天或每周要与几个人沟通？达成什么效果？

✦ 第 14 条 爱上工作

把工作视为一种乐趣和挑战，而不是一种负担。只有热爱工作，才能全身心投入，发挥自己的最大潜能，取得更好

的工作成果。关于数字目标，每年对治自己不良习惯的目标
有哪些？哪些是可以力所能及完成的？比如，现在几点起床，
可以改为提前几点起床；要想按时起床，就要晚上几点睡觉，
这样才能支撑早上几点起床。再比如，对治"拖延症"，要牢
记"凡事预则立，不预则废"，做好时间管理，凡事都要给自
己设置前置性的时间目标，如工作目标达成的时间，以确保
工作目标 100% 达成。

✦ 第 15 条　探究事物的本质

在面对问题和现象时，要深入思考，探究其背后的本质
原因。只有了解了事物的本质，才能找到有效的解决方法，
避免只看表象而做出错误的决策。事物的运作规律就是万事
万物保持阴阳平衡。稻盛和夫先生的经营理念中，哲学为阴，
实学为阳。换句话说，落地时要保持哲学和实学并举，双管
齐下，才能有好的结果。如果误解其理念，觉得哲学重要，
那只是空洞的理论；如果觉得实学重要，缺失哲学的滋养，
其实学也不可持续。稻盛和夫先生反复强调，哲学是基础，
阿米巴经营是哲学落地的道场。哲学和实学本身就是一体的，
而非二元。

✦ 第 16 条　成为漩涡的中心

所谓漩涡中心是一个形象的比喻，意味着领导者要勇于
担责，敢于挑战，发挥其领导力与影响力，带领团队一起解
决问题。通过自己的人格魅力，每年能影响或真正帮助到身

边多少人？不断扩大自己的影响力，传递正能量。

✦ 第 17 条　率先垂范

作为领导者或团队核心成员，要以身作则，为他人树立榜样。只有自己做到了，才能要求他人做到，从而赢得他人的尊重和信任。犹太教有一条教诲："无有人处且为一个人。"意思是说，当没有人敢于担当时，我们要挺身而出，为目标负责，为结果负责，把团队引领到正道上来。

✦ 第 18 条　把自己逼入绝境

在工作中，要给自己设定远大目标，以激发自己的潜力。只有在绝境中，才能突破自我，取得更大的成就。当下经济环境严峻，我们要向稻盛和夫先生学习，保持喜悦，感恩外境给予我们练内功的机会。当下的市场环境依然给予我们内部调整的机会，当我们内功练得扎实时，市场回暖，企业就可以实现快速增长。因此，稻盛和夫先生说，萧条是实现增长的飞跃台。这是经营的大智慧，更是我们洞见事物本质的关键所在。让暴风雨来得更猛烈些吧，我们张开双臂拥抱它！在京瓷集团的成长史上，经历了五次大的经济危机，稻盛和夫先生总是能够引领团队化"危"为"机"。

✦ 第 19 条　在相扑台的中央发力

相扑台的中央是最稳定、最有力的位置，这意味着凡事都要提前做好准备，占据有利的地位。要有前瞻性的思维，提前规划好企业的发展战略，避免被动应对市场变化。既然明白了事物的运作规律，有高峰有低谷，我们就要未雨绸缪，提前做好"过冬"的储备，这也是稻盛和夫先生所教导的"水库式经营"。每个企业或家庭都要有"水库"，给自己设定一个目标，从现在开始，几年内把"水库"建设好，蓄多少水？可以备用多少年？日本的企业大多都有自己的"水库"。京瓷集团即便遇到危机，其水库也足以让 8 万名员工衣食无忧 15 年。目前我国许多企业也留有足够的"水库"，如广东东莞的学员曾分享，其所在企业账户上的现金足以支撑几年不接单期间员工的工资正常发放。

✦ 第 20 条　直言相谏

团队成员之间要敢于提出不同的意见和建议，并进行坦诚的沟通和交流。直言相谏能够避免错误的决策，促进团队不断进步，但要注意方式方法，尊重他人的意见。虽然中国传统文化倡导中庸之道，但真正的大爱体现在敢于直言。然而，直言相谏需要智慧，它是有效沟通，而非仅仅是宣泄自己的情绪。我们既要表达清楚自己的想法或观点，更要让对方欣然接受，其目的是让对方真切感受到这是为他好，从而乐于接受！每个人都有自己的成长盲区，都需要身边人给予善意的提醒或指正。古代有"诤友"之称，基于关爱，我们可以设定一些小目标，如每个月向自己关心的人提出多少条有建设性的建议？向多少人提出？同时要不断检视自己的用心程度。

✦ 第 21 条　戒除私心才能正确判断

在做决策时，要摒弃个人的私利和偏见，以客观、公正的态度去判断。只有这样，才能做出符合企业和团队利益的正确决策。我们是凡人，有私心是正常的，只要有"我"在，多少都会存在私心。因此，每次做决策时，都要反复问自己，所做出的决策是否纯粹？稻盛和夫先生在开创 KDDI 时，反反复复叩问自己内心，为什么要创建 KDDI？是为了稻盛和夫的名，还是为了利？最终想清楚了，是为了提升全日本人的生活品质，为了降低全日本的长途通话费。基于利他的目的，KDDI 在没有优势的情况下，逆袭成功。心之所至，行必不远。

✦ 第 22 条　具备均衡的人格

一个人应该具备均衡的人格，包括理智、情感、意志等方面。在工作中，既要保持冷静的头脑，也要有丰富的情感和坚强的意志，以应对各种复杂的情况。成就伟业，既要胸怀大志，还要脚踏实地。稻盛和夫先生从小受到父母双重性格的影响，母亲热情开朗，比较外向感性；父亲内向严谨，相对理性。这造就了稻盛和夫先生完美的性格，感性和理性兼备。我们经营企业时既要给自己设定远大的目标；又要深思远虑，把控风险，只有这样才能走得久远。看看自己是什么性格，并思考如何完善自己的人格。见贤思齐，见不善而内省。

✦ **第 23 条　实践重于知识**

理论知识固然重要，但只有通过实践才能真正掌握和运用知识。要注重实践，在实践中不断总结经验，以提高自己的实际操作能力。凡事放手去做，在做中成长。拥有知识的同时，要不断地提升自己的实践经验，拥有了经验也就有了做事的勇气。

反观国内阿米巴经营模式实操落地，为什么大多数企业没有取得明显的效果，或者没有达到预期？个人愚见，一是对稻盛和夫先生哲学解读有误；二是没有真正用心实践，急功近利，欲速则不达；三是半途而废，没有坚持到底；四是只把稻盛和夫先生的理念作为工具。要想成功，没有诀窍，只有点滴实践。例如，"销售最大化"，其核心在于"利他"，这正是稻盛和夫先生倡导的经营智慧。若未能真正理解这一理念的精髓，便难以实现"销售最大化"。

企业到底能为客户解决什么问题？这些是不是客户真正的问题？换言之，企业的存在到底解决了什么社会问题？企业的利润实质上就是解决社会问题所得到的回馈，而非简单地提供产品和服务。产品和服务是解决问题或是传递爱的媒介或载体而已。正如我写这本书，要解决的是稻盛和夫先生理念如何正确落地的问题，帮助大家简单易行地解读和落地稻盛和夫先生的经营理念，让经济繁荣昌盛。这也是我的实践之一。

✦ 第 24 条　要不断从事创造性的工作

在激烈的市场竞争环境下，企业必须持续创新以保持核心竞争力。这就需要建立鼓励创新的组织文化，激发员工的创造力，推动其不断提出新的想法与改进方案，从而持续优化产品与服务。企业应当建立定期目标管理机制，引导员工在完成常规工作时尝试不同的思路与方法，促进其全面发展。

关于"创新"的理解，需要明确一个重要的观点：创新并非从无到有的创造，而是在现有基础上的优化与升级。以写作为例，作者并未创造新的文字，而是通过既有文字的重组与创新表达，创作出新的作品。这种创新理念同样适用于企业经营。企业可以通过设定年度或月度的改善目标，建立持续改进机制，实现渐进式发展。

在具体实施层面，企业可以采用"月度改善提案"制度：要求每位员工每月至少提交两条切实可行的改善建议，对采纳的提案给予奖励。奖励机制可以设置为月度即时奖励、季度累计奖励与年度累计奖励相结合的方式。这种制度设计既能实现全员参与经营，又能有效调动员工的积极性。

值得注意的是，任何管理工具的有效性都取决于其执行质量。以阿米巴经营模式为例，该模式在京瓷集团等企业取得成功，而在其他企业却效果不佳，这恰恰说明管理工具的使用需要结合企业实际，建立科学的实施机制。

1.1.3　做出正确判断

✦ 第 25 条　把利他之心作为判断基准

在企业决策过程中，必须充分考虑决策的社会效益及其对利益相关者的影响。以利他主义为价值导向，不仅能够赢得各方的信任与支持，更能促进企业的可持续发展。

在设定经营目标时，企业应当建立多维度的价值评估体系：对内关注员工成长与发展，衡量组织能为员工创造多少价值；对外评估与合作伙伴的协同效应，考量能为合作伙伴带来多少收益；同时还要评估企业的社会贡献度，思考能为社会创造多少价值。通过这种系统性的价值创造，企业可以逐步实现从利益共同体向命运共同体的升级转型。

✦ 第 26 条　大胆与细心兼备

在企业经营过程中，面对机遇与挑战，既要具备勇于尝试的魄力，又要保持谨慎细致的态度。只有将创新精神与风险意识有机结合，才能在不确定性中把握发展机遇，实现稳健发展。在当前经济环境下，常规思维往往倾向于压缩各项投入，但真正的商业智慧在于运用逆向思维。正如投资大师沃伦·巴菲特所言："当别人贪婪时我恐惧，当别人恐惧时我贪婪。"在经济下行周期，市场往往蕴含着更多机遇，这需要企业具备稻盛和夫先生所强调的"胆识"——既有勇于决策的魄力，又有把控细节的能力。

具体而言，企业应当建立系统的风险管理机制：首先，识别潜在风险并制定应对策略；其次，保持战略定力，从容应对各种挑战。这种经营理念同样适用于产品定价策略，企业需要在市场竞争与利润空间之间找到最佳平衡点。

✦ 第 27 条　以"有意注意"磨炼判断力

企业家应当培养专注力，通过细致观察与深入思考提升判断能力。在复杂的商业环境中，唯有持续实践与积累经验，才能做出准确的经营决策。企业经营涉及多维度判断：既要把握市场发展趋势，又要洞察客户需求变化，同时还要理解员工诉求。如何提升决策质量，是每位企业家必须持续探索的核心课题。

稻盛和夫先生提出的"有意注意"方法论，为企业决策提供了重要启示。在经营实践中，其曾通过日常观察（如脚踩石蜡的触感）获得创新灵感，成功解决产品研发难题。这启示我们：在日常工作中，应当保持敏锐的观察力，善于将生活细节与工作实践相结合，从而激发创新思维，提升决策质量。这种观察与思考的能力，是企业家做出正确判断的重要基础。

✦ 第 28 条　贯彻公平竞争的精神

在市场竞争中，企业必须严格遵守法律法规与商业道德准则，坚持公平竞争原则。公平竞争不仅能够推动企业持续创新与进步，也有利于维护行业健康有序的发展环境。这一理念与社会主义核心价值观中的"公正"要求高度契合。

稻盛和夫先生强调，公平竞争精神应当贯穿企业经营的全过程：在外部市场竞争中秉持公平原则，在企业内部管理特别是部门核算规则的制定中贯彻公平理念。只有建立公平的竞争机制，才能有效调动员工积极性，保障市场秩序良性运转；反之，将受到市场规律的惩罚。

✦ 第 29 条　注重公私分明

在企业管理中，必须严格区分公与私的界限，避免将个人利益与情感带入工作决策。坚持公私分明原则，不仅能够确保决策的公正性与客观性，更能有效维护企业利益。企业是一个社会公器，而非个人私有财产，这一理念应当贯穿企业经营管理的全过程。

例如，稻盛和夫先生的夫人朝子女士在一次外出购物时，尽管有机会搭乘稻盛和夫先生的公务车，但她却坚持选择自行前往，以遵守公私分明的原则。又如，华为创始人任正非先生在处理个人电话费报销时，会仔细核对通话记录，将私人通话费用剔除，这体现了严格的自律精神。

这些案例看似细微，实则蕴含深刻的管理智慧。现实中，部分民营企业家通过将个人消费纳入企业费用来减少应纳税额，这不仅违反税法，更是对企业经营原则的背离。坚持公私分明，既是企业经营的基本准则，也是企业家个人修养的体现。唯有秉持"认认真真做事，清清白白做人"的理念，方能实现企业可持续发展与个人价值的统一。

1.1.4　达成新事业

✦ 第 30 条　怀有渗透到潜意识的、强烈而持久的愿望

在目标管理实践中，将企业愿景与个人目标内化为潜意识中的驱动力至关重要。这种内在驱动力能够激发持续的工作热情，帮助克服发展过程中的各种障碍，最终实现既定目标。稻盛和夫先生强调，企业经营必须首先确立明确的目标，且这些目标应当具有崇高的社会价值，并通过努力可以实现。

例如，埃隆·马斯克制定的公司愿景是通过太空探索技术，为人类提供星际移民的可能性，以应对地球环境危机。马斯克提出的"生在地球，葬在火星"的构想，体现了企业家精神与人类使命感的完美结合。这种将商业目标与社会价值相统一的经营理念，正是企业取得卓越成就的关键所在。

✦ 第 31 条　追求人类的无限可能性

人类具有巨大的发展潜能，企业应当建立完善的员工发展机制，为员工提供职业成长平台，充分激发其创造力，实现组织与个人的共同发展。在企业管理实践中，创新思维与持续突破是推动企业进步的关键要素。

阿米巴经营模式的成功实践表明，将经营哲学与企业管理有机结合能够产生强大的发展动力。企业经营者应当深入理解稻盛和夫先生的管理思想，将哲学理念融入日常经营决策，从而实现理论与实践的有机统一。

在具体实施层面，企业可以从以下方面着手：首先，针对行业痛点设定突破性目标，如提升产品质量标准、优化服务流程等；其次，在可持续发展方面加大投入，包括开发环保材料、优化能源利用效率等。通过系统性创新，企业可以不断提升核心竞争力，实现可持续发展。

✦ 第32条　勇于挑战

勇于挑战是推动个人能力提升与组织进步的重要动力。真正的挑战不在于超越他人，而在于突破自我，即尝试未曾涉足的领域或克服自身的局限。

对企业而言，这种挑战精神应当体现在对行业短板的持续改进与技术创新上。通过设定年度突破性目标，不断攻克技术难关，推动企业实现阶梯式发展。这种持续突破的进取精神，是企业保持竞争优势的关键所在。

✦ 第33条　成为开拓者

企业应当具备开拓创新的勇气，积极探索新兴业务领域与市场机遇。这种开拓精神不仅体现企业的创新意识与风险承担能力，更为组织带来持续的发展动力。稻盛和夫先生提出的"四种创造"理论——创造新需求、创造（开拓）新市场、创造（研发）新技术与创造（开发）新产品，其核心在于创造新需求。创造新需求的本质是洞察潜在市场需求，创造消费者尚未意识到的产品价值。

以智能手机行业为例，苹果公司通过创新产品设计，成功塑造了现代人不可或缺的数字生活方式，这种需求创造改变了全球消费者的行为模式。企业应当结合技术发展趋势，制定前瞻性的研发战略，如通过年度创新产品发布，推动行业转型升级。

京瓷集团在技术创新方面的实践值得借鉴。该集团研发的镁橄榄石材料具有重要的产业突破意义，其研发能力始终保持领先市场 3～5 年的水平，充分体现了行业开拓者与创新引领者的角色定位。

✦ 第 34 条　认为不行的时候，正是工作的开始

在面对困难和挫折时，企业经营者应当秉持积极进取的态度，将挑战视为新的发展契机，并致力于探索创新性的解决方案。坚持与毅力是克服障碍、实现突破的关键要素。无论是个人发展还是企业经营，都可能遭遇看似无解的困境，此时需要采取迂回策略，在调整中寻找新的突破口。

埃隆·马斯克在接受媒体采访时曾表示，其成功的关键在于专注寻找解决方案而非纠结于困难本身。研究表明，能够坚持完成既定目标的人群仅占 1%～4%，这充分说明了持之以恒的重要性。

京瓷集团在技术创新方面保持 100% 的成功率，其核心在于贯彻稻盛和夫先生提出的"永不放弃"理念。这种坚持精神不仅体现在技术研发过程中，更成为企业文化的核心价值。

✦ 第35条　坚持信念

在目标实现过程中，企业经营者必须坚定信念，抵御外部干扰与诱惑。唯有坚守既定战略，方能达成预期目标。企业应当遵循聚焦原则，将有限资源集中于核心业务领域，避免因多元化扩张导致战略分散。

在现实中，部分企业因难以抵挡短期利益诱惑，盲目进行跨行业投资，最终因资源分散与专业能力不足而失败。正如管理学界所言："成功的道路上并不拥挤，因为能够坚持既定战略的企业并不多见。"因此，企业必须建立清晰的战略边界，坚守经营底线。

从企业治理的角度而言，这种坚守体现在"有所为有所不为"的原则上。企业应当建立明确的经营红线，杜绝不当商业行为。同时，应当坚持诚信经营理念，将"修己达人""精益求精"等价值观融入企业文化，构建可持续发展的经营模式。

✦ 第36条　乐观构思、悲观计划、乐观实行

在目标管理过程中，企业应当建立系统化的"三段论"方法论。

第一阶段：目标设定。在设定战略目标时，企业应当保持积极乐观的态度，设定具有挑战性的发展愿景。但需注意，目标设定应当基于现实情况。

第二阶段：计划制订。在制订实施计划时，需要建立完

善的任务分解机制（阿米巴经营模式中称为"任务单"）。这一阶段既要保持战略乐观性，又要进行缜密的风险评估，将潜在的不确定性转化为可控因素，并制定相应的风险应对预案。

第三阶段：计划执行。在计划执行过程中，企业应当培养积极的组织文化，鼓励员工以感恩的心态投入工作。这种心态体现在：感恩企业提供的成长机会，珍惜组织赋予的责任与使命。通过持续努力与专业投入，最终实现既定目标。

1.1.5　战胜困境

✦ 第 37 条　具备真正的勇气

真正的勇气体现在面对困难与风险时的理性决策能力，而非盲目的冒险行为。这种勇气能够帮助我们在挑战面前保持坚定，持续推进既定目标。勇气的来源在于充分的准备与自信：首先，基于对自身能力的准确认知；其次，依托团队协作的力量；最后，建立在对事物本质的深刻理解与前瞻性判断之上。

✦ 第 38 条　点燃团队的斗志

作为企业领导者，应当建立有效的团队激励机制，通过目标管理、绩效奖励和团队文化建设等方式，提升组织凝聚力与执行力。个人能力的发挥存在局限性，唯有通过团队协作，充分调动每位成员的积极性，使其主动承担工作职责，将组织目标内化为个人使命，才能实现组织效能的最大化。

✦ 第 39 条　自己的道路自己开拓

企业应当勇于探索符合自身特点的发展道路，在实践过程中积累经验，形成独特的经营模式。稻盛和夫先生提出的"心本经营"理念，以及松下电器创始人松下幸之助"企业即大学"的观点，都强调了企业经营中的教育属性。中国零售业领军人物于东来也持有相似观点，认为企业本质上是一所学校。

在阿米巴经营模式的实践中，我们强调"哲学与实学一体化"的原则，将阿米巴经营模式视为哲学理念落地的实践平台，而非简单的管理工具。这种"哲实融合"的理念，使阿米巴经营模式具备了更深刻的内涵与生命力。

✦ 第 40 条　有言实行

诚信经营是企业立足之本，必须做到言行一致、承诺必践。唯有如此，才能赢得客户信任，树立良好的企业形象。在质量管理方面，企业应当以 100% 合格率为基本目标，这不仅是商业道德的要求，更是企业核心竞争力的体现。

部分企业存在质量意识淡薄的现象，认为非关键领域的产品瑕疵无关紧要。然而，从客户视角来看，产品质量直接反映了企业的经营理念与价值观。企业应当将质量管理置于战略首位，持续追求产品品质与交付准确率的双重 100% 目标，这既是商业经营的基本原则，也是企业可持续发展的关键保障。

✦ 第 41 条　深思熟虑到"看见结果"

在制定战略决策与实施计划前，企业应当进行系统的分析与预测，明确预期结果。通过多维度论证与反复推演，形成清晰的战略蓝图。以稻盛和夫先生创办第二电电（现KDDI）为例，其在决策阶段准确预测了长途通话费率的下降幅度：京都至大阪线路降低 25%，东京地区降低 20%，整体平均降幅达到 20%。企业正式运营后，实际结果与预测完全吻合，这充分体现了科学决策的重要性。

在目标管理过程中，企业应当建立清晰的愿景。例如，若计划在未来三年内实现上市，需要详细构想上市成功时的场景：团队成员的喜悦、证券交易所的敲钟仪式、董事长的致辞内容，以及答谢晚宴的具体安排等。通过制定详细的时间节点规划，协调各方资源，最终将愿景转化为现实。这种基于详细规划的预演方法，能够显著提高目标实现的确定性。

✦ 第 42 条　不成功绝不罢休

实现目标需要坚定的决心与持之以恒的毅力。在追求目标的过程中，难免遭遇各种困难与挫折，唯有坚持不懈，方能最终达成目标。以笔者参与的南极探险项目为例，团队在2019 年完成北极探险后即开始筹备南极之行。经过系统规划，于 2024 年 6 月正式组建探险团队。

在完成各项手续、预订邮轮并确定航期后，团队于 2024 年 11 月 15 日启程，经迪拜与里约热内卢中转，最终抵达阿根廷首都布宜诺斯艾利斯。然而，次日接到邮轮机械故障的通知，原定航期被迫推迟一周。面对突发情况，部分成员选择返程，而另一部分则决定继续等待。在等待期间，笔者通过整理书稿保持专注，并深刻体会到：人生是一场持续探索与自我完善的历程，其价值在于不断突破自我。

最终，团队成功抵达中国南极长城站补给站，完成了这次极具意义的科考探险之旅。这一经历充分证明了坚定信念与持续努力的重要性。

1.1.6　思考人生

✦ 第 43 条　人生·工作的结果 = 思维方式 × 热情 × 能力

人生和工作的结果由思维方式、热情与能力三个核心要素共同决定。稻盛和夫先生提出的这一理论，为我们理解个人发展与企业经营提供了重要框架。

首先，思维方式决定了行为方向。它不仅包括个人的价值观、人生观与世界观，更体现在对事物的基本认知与判断上。积极的思维方式是成功的基础。

其次，热情反映了对目标的投入程度。持续的努力与微小的进步积累，往往能够产生显著的成果。其关键在于保持持之以恒的态度，而非追求短期突破。

最后，能力决定了工作效能。虽然个体天赋存在差异，但通过系统学习与实践，个人能力可以得到显著提升。以领导力为例，虽然存在天赋因素，但更多是通过后天培养获得的。

在个人发展与企业经营中，设定明确且具有社会价值的目标至关重要。所设定的目标应当具备以下特征：首先，具有社会意义与利他性；其次，具体且可衡量；最后，保持长期稳定性。例如，日本航空公司明确提出了在服务满意度、准点率与经营利润率三个维度上达成全球第一的目标。

✦ 第 44 条　认认真真地过好每一天

时间管理是个人发展与组织效能提升的关键。珍惜每一刻，认真对待每项任务，通过日积月累的经验积累实现持续进步。

我的高中历史老师冯桂荣女士曾在课堂上组织了一项历史知识竞赛：要求学生在 10 分钟内尽可能多地列举历史事件，前三名可获得奖品——一本袖珍万年历。这本万年历的扉页上留有冯老师的亲笔寄语："期望你的每一分钟都花得确有价值。"这句话至今仍在激励着我，时刻提醒我珍惜时间，避免懈怠。

在阿米巴经营模式中，"单位时间附加值"是重要的绩效评估指标。该指标衡量小型组织每小时创造的附加价值，体现了稻盛和夫先生对时间效率的重视。稻盛和夫先生本人更是将时间管理精确到分钟，这种严谨的态度是其取得卓越成就的重要因素。

✦ 第 45 条 心想事成

实现目标需要坚定的信念与持续的努力。稻盛和夫先生提出的"一切始于心，终于心"理念，强调了信念与行动的统一性。这种统一性不仅体现在个人发展层面，更适用于企业经营实践。

在制定企业发展战略时，应当将利他精神转化为具体的执行路径。例如，明确企业发展的时间规划：是五年、七年还是十年内达到行业领先地位？设定具体的客户服务目标：计划服务多少家企业客户？这些量化指标的制定，是将愿景转化为可执行战略的关键步骤。

✦ 第 46 条 描绘梦想

个人发展与组织管理都应当建立在明确的愿景与可量化的目标基础之上。清晰的愿景能够持续激发个人潜能，为组织发展提供持续动力。在制定战略规划时，需要将企业使命转化为具体的阶段性目标，这些目标的实现将为企业的长远发展奠定坚实基础。

✦ 第 47 条 动机至善，私心了无

在个人发展与商业实践中，应当秉持利他主义精神，摒弃私利与私欲。这种价值导向不仅能够获得广泛支持，更能

实现个人与组织的持续发展。稻盛和夫先生提出的"利他即利己"理念，在商业领域具有重要的实践意义。

在制定战略目标时，应当以利他为核心，淡化个人利益诉求。这种价值取向有助于凝聚各方力量，实现个人与组织的共同发展。

稻盛和夫先生通过成功经营三家世界 500 强企业（京瓷、KDDI、日本航空），证明了"利他即利己"理念的商业价值。其经营实践表明，将社会价值置于个人利益之上，不仅能够实现企业的可持续发展，更能为利益相关者创造长期价值。

✦ 第 48 条　抱纯粹之心，走人生之路

在个人发展与商业实践中，应当秉持纯粹的价值理念，坚守初心，不受外部干扰。明确人生目标与意义，能够使个体保持简单而专注的心态。意大利诗人但丁"走自己的路"的理念，强调了保持独立人格的重要性。

人生价值的衡量标准不在于财富积累，而在于社会贡献度。通过利他行为创造社会价值，是个人发展的核心目标。这种价值观同样适用于企业经营：企业的使命不在于利润最大化，而在于解决社会问题，创造公共价值。

✦ 第 49 条　小善乃大恶

稻盛和夫先生指出，真正的关爱应当建立在是否真正有利于对方的基础之上。在管理实践中，缺乏信念的领导者往往对下属采取宽松态度，这种表面上的"仁慈"实际上不利

于下属的长期发展。相反，基于坚定信念的严格要求，虽然可能显得不够亲切，但能够促进下属的持续成长。

松下电器创始人松下幸之助强调，不痛不痒的呵斥要不得。有效的管理应当使教育对象深刻认识到错误，避免重复犯错。真正的关爱体现在严格的要求中，领导者如果不敢提出合理要求，实质上是对下属不负责任的体现。

✦ 第 50 条　人生需时时反省

在日常生活与工作中，应当定期审视自身行为与思想，评估其是否符合道德准则与伦理规范，是否有利于个人发展与组织进步。通过系统性的反思，能够及时发现不足，调整思维模式与行为方式，从而提升个人修养与专业能力，更好地应对各种挑战，实现个人价值与组织目标。

这一理念与儒家经典《论语》中"吾日三省吾身"的思想相契合，体现了东方管理智慧对自我完善的重视。

思考与感悟

- _____
- _____
- _____

- _____
- _____

1.2　经营要诀

✦ 第 51 条　以心为本的经营

企业要以人为本，关心员工的成长和发展，为员工提供良好的工作环境和发展机会。只有员工得到了满足，企业才能取得更好的发展。人是企业的根本，阿米巴经营的重点就是经营人心，凝聚全员的力量去实现目标。企业文化的真正价值体现在三个方面：首先是员工对企业文化的认同度；其次是员工对企业文化的践行程度；最后也是最重要的，当企业面临困境时，有多少人能够团结一致、共克时艰。正如稻盛和夫先生所言："人心看似脆弱，但一旦坚定信念，便是最坚不可摧的力量。"经营人心始终是企业经营管理的核心命题。

✦ 第 52 条　光明正大地追求利润

企业追求利润是市场经济中的正当行为，但必须遵循合法合规的基本原则。利润获取不能以损害他人利益为代价，更不能采取不正当手段。这一经营哲学的核心在于：企业应当光明正大地追求利润。这不仅关乎企业自身的发展需求，更体现了对市场规律和商业道德的尊重。因此，企业每年都应当设定具体、可量化的利润目标，并通过正当经营实现预期收益。需要特别强调的是，销售最大化并不等同于利润最大化。企业经营必须以实际成果为导向，否则终将沦为纸上谈兵。

✦ 第53条　遵循原理原则

在经营管理过程中，企业必须严格遵循基本的道德准则、伦理规范及企业规章制度。这是确保企业健康可持续发展的根本保障，也是赢得社会认可与尊重的关键所在。同时，企业应当确立明确的经营理念，并在日常运营中始终如一地践行这一理念。

✦ 第54条　贯彻顾客至上主义

企业的生存与发展离不开顾客的支持与信任。作为提供有偿服务的盈利组织，企业必须始终将顾客需求置于首位，持续提供优质的产品与服务。满足顾客需求是企业实现可持续发展的根本保障。要实现这一目标，企业需要站在顾客立场上思考问题，以提升顾客满意度为导向，努力提供超越顾客期望的服务体验。

在顾客关系管理中，净推荐率（Net Promoter Score，NPS）是衡量顾客满意度的核心指标，它反映了顾客向他人推荐企业的意愿程度。值得注意的是，在 0～100 分的评价体系中，仅仅达到顾客满意是远远不够的。这是因为商业的本质在于让每一位顾客都感到满意，而商业的最高境界则是赢得顾客的尊敬与口碑传播。稻盛和夫先生逝世时，我国外交部曾专门发表悼念讲话，这正是对其经营理念与商业成就的高度认可。

✦ 第55条　以大家族主义开展经营

企业就像一个大家庭，员工之间要相互关心、互助协作、彼此支持。要营造团结和谐的氛围，让员工感受到家的温暖，从而增强归属感和忠诚度。既然是一家人，就应当不离不弃、风雨同舟。京瓷集团的实践体现了这种理念："活着共同奋斗，死后同葬一处"，通过将企业信念具象化，真正构建起超越血缘的共同体关系。其薪酬制度也贯彻了这一理念——只要员工践行企业价值观，京瓷集团便以终身雇佣制守护员工福祉，实现企业与个体的命运共生。

✦ 第56条　贯彻实力主义

企业应当建立以价值观、能力与绩效为核心的人才评价体系，摒弃论资排辈的传统做法。这种基于实力主义的人才管理机制，能够有效激发员工潜能，提升组织竞争力。实力主义强调以个人能力、专业知识、技能水平与绩效成果为评价标准，这是进行人才选拔与资源配置必须遵循的重要原则。

企业发展的质量与速度，在很大程度上取决于其培养和选拔符合实力主义原则的人才数量。在具体实施中，企业可以设定明确的年度目标，如培养若干名符合实力主义标准的管理人才。通过建立专业能力、技术水平与绩效指标的分值体系，实现人才评价的量化管理，使实力主义原则得以科学化实施。

✦ 第57条　重视伙伴关系

企业应当与供应商、经销商等合作伙伴建立战略协同关系，实现共同发展。合作伙伴作为企业的重要战略资源，需要建立在相互信任与支持的基础上，形成共赢的生态系统。稻盛和夫先生通过经营哲学，将传统的劳资关系从利益共同体提升至命运共同体，有效解决了劳资对立问题。

从企业经营的本质来看，应当实现多方利益相关者的共赢：对内与员工共享发展成果，对外与合作伙伴建立合理的利益分配机制。企业可以通过量化指标评估与合作伙伴的协同效果，如提升供应商业绩的成效、为客户创造的价值增量，以及社会效益贡献度等具体指标。

✦ 第58条　全员参与经营

企业的发展需要建立全员参与的管理机制。通过充分调动员工的积极性与创造力，发挥集体智慧，企业才能实现持续创新与发展。阿米巴经营模式的核心目标之一就是实现全员参与经营。

全员参与经营的重要性体现在以下方面：首先，每位员工都具备独特的专业能力与创新思维；其次，通过有效的组织协同，能够实现资源的最优配置。这种经营管理理念强调团队协作的价值，认为集体智慧能够产生超越个体的创新成果。

阿米巴经营模式通过细分组织单元，建立透明的运营机制。在小型团队中，每位成员的工作贡献都清晰可见，这有效避免了"搭便车"现象。这种高度透明的经营管理体系，确保了组织效能的最大化，体现了阿米巴经营模式的精髓。

✦ 第 59 条　统一方向，形成合力

企业应当建立统一的目标管理体系，确保全体员工朝着共同方向努力。有效的内部沟通与协调机制，是各项工作顺利推进的重要保障。统一方向的重要性体现在：首先，明确的目标能够凝聚组织力量；其次，统一的战略方向有助于资源配置的最优化。

在具体实施中，企业可以从以下层面推进：宏观层面，依托企业使命与愿景确定发展方向；微观层面，制定清晰的战略方针与可量化的具体目标。稻盛和夫先生强调，通过持续宣贯使战略目标深入人心，是实现目标统一的关键。

为确保目标的有效执行，企业应当建立系统的会议机制：每日晨会明确目标，夕会与周会进行经营数据分析，月度、季度会议则进行战略回顾与调整。通过这种持续的管理实践，最终实现战略目标的全面落实。

✦ 第 60 条　重视独创性

企业应当建立完善的创新激励机制，培养员工的创新意

识与能力。持续推出具有独创性的产品与服务，是企业在市场竞争中保持优势的关键。实现独创性的核心在于：深入了解市场需求，精准把握客户期望，从而开发出具有差异化的产品与服务模式。

以"南冠号"南极邮轮为例，其在服务创新方面具有显著特色。针对南极特殊环境，邮轮不仅制定了完善的安全预案，还邀请中国南极昆仑站站长进行专题知识分享，这种深度服务模式体现了其创新理念。该邮轮由法国公司运营，采用阿米巴经营模式，实行单船独立核算制。其管理团队由八个关键部门负责人组成，创新性地构建了如下服务体系。

- 法式浪漫服务：将法国文化元素融入服务细节，通过多语言问候与个性化服务体现人文关怀。
- 趣味活动设计：组织钢琴音乐会、船长晚宴等特色活动，增强客户体验。
- 灵活应变管理：建立完善的极地环境应对机制，确保运营安全。

尽管面临极地环境的严峻挑战，"南冠号"通过精细化服务管理体系：舱房布置超越五星级酒店标准，安全预案系统完备，科普活动兼具专业性与趣味性，成功打造了独特的极地旅行体验。这种将文化特质转化为服务优势的创新实践，已成为其打造核心竞争力的关键要素。

思考与感悟

- _____
- _____
- _____
- _____
- _____

1.3 在京瓷人人都是经营者

✦ 第 61 条 玻璃般透明的经营

企业应当建立透明的管理机制，确保员工充分了解企业经营状况与发展战略。透明化管理是构建组织信任的基础：当员工对企业运营过程与成果缺乏基本认知时，将难以建立有效的信任关系。信息不对称可能导致协作方向不明确，最终影响执行效能。

在具体实施中，企业应当建立目标进度实时同步机制，使基层员工能够根据阶段性成果动态调整工作策略，确保目标顺利达成。目标实现后，应当向员工清晰传达价值创造的具体成效，并通过系统性复盘分析优化经营成果。

这种透明化管理机制类似于体育赛事的实时比分系统：通过构建可视化的目标追踪体系，既能够强化员工对目标的共识与使命感，又能够激发团队的协作精神，最终形成高效协同的组织文化。

✦ 第62条 树立高目标

企业应当制定具有挑战性的战略目标，通过持续突破推动组织发展。远大目标能够有效激发员工潜能，为企业的可持续发展提供动力。京瓷集团的成长历程充分证明了远大目标的价值：在企业创立初期，稻盛和夫先生就为京瓷集团设定了"从地区第一到世界第一"的阶梯式发展目标。这种目标导向最终使京瓷集团成为全球陶瓷行业的领导者。

在目标设定方面，稻盛和夫先生提出了"跳几跳都够不着"的理念，强调目标应当具有足够的挑战性。这种远大目标设定的价值在于：首先，适度困难的目标能够激发团队创新；其次，突破性目标有助于打破固有思维模式，促进组织变革。

松下电器创始人松下幸之助的实践进一步验证了这一理念。当制造部门面临10%的成本降低目标时，团队难以找到有效解决方案。然而，当目标提升至30%时，团队通过全流程创新实现了突破。这表明适度困难的目标往往能够激发组织的创新潜力。

✦ 第 63 条　定价即经营

定价策略是企业经营的核心要素，需要综合评估市场需求、成本结构与竞争环境等多重因素。科学合理的定价不仅影响企业盈利能力，更关乎市场份额与竞争优势。稻盛和夫先生将定价提升至战略高度，凸显了其在企业经营管理中的重要性。

在定价策略制定中，需要平衡利润率与市场规模的关系：高价策略可能导致销量受限，而薄利多销策略则可能通过规模效应实现利润最大化。这与稻盛和夫先生提出的"定价应基于客户可接受的最高心理价位"理念相契合——既要确保市场竞争力，又要维持合理的利润空间。在年度计划编制过程中，企业应当根据经济周期与市场环境的变化，动态优化产品价格体系。

企业家的市场洞察力在定价决策中具有关键作用。通过持续提升商业判断力与市场敏感度，能够更准确地把握市场机会。以河南胖东来商贸集团为例，其定价策略具有以下特点：首先，采用透明的成本核算体系；其次，基于消费者心理进行价值定位。值得注意的是，胖东来的定价策略并非单纯低价竞争，而是通过价值创造实现合理溢价，体现了稻盛和夫先生"价格即价值"的经营哲学。

✦ 第 64 条　销售最大化、费用最小化

企业应当建立系统的利润管理体系，通过提升销售额与

降低费用的双重路径实现经营效益最大化。这要求企业在市场营销、费用控制与资源配置等方面采取系统性的管理措施。"收入与费用配比"原则是这一管理体系的核心，但在实践中，往往存在认知与执行的偏差，导致销售目标未达成与费用超支等问题。

京瓷集团为改善这一困境提供了参考。其通过严格的"单位时间附加值"考核机制，将费用审批与绩效目标直接挂钩，有效落实了"量入为出"的管理原则。具体而言，企业可以采取以下管理措施。

- 建立利润储备机制：根据年度利润目标进行月度分解，将利润分成几部分存入专项储备账户（即"经营安全水库"），确保资金使用的有效性。
- 优先保障刚性支出：每月优先提取固定支出项目，包括员工薪酬、税费、利息等。
- 动态调整可支配资金：将当月收入扣除必要支出及利润储备后的余额作为可支配额度，用于供应商结算和日常费用报销。

这种刚性约束机制能够推动各部门开展降本增效的创新实践，通过流程优化与资源整合突破传统费用管控的局限，实现经营效益的持续提升。

✦ 第 65 条　每天都进行核算

企业应当建立日常经营核算与分析机制，及时掌握现场状况与经营成果。通过持续的日常核算，能够有效识别潜在问题并采取应对措施。这一机制的核心在于"每日核算"原则，即通过每日监控目标达成进度与价值创造情况，实现问题的早期识别与及时处理。

京瓷集团的经营实践充分证明了这一原则的有效性：通过确保每日目标的实现，自然达成月度目标；而月度目标的完成则确保了年度目标的实现。因此，关键在于将每日经营目标与整体战略目标相统一，并通过核算确认每日经营活动的价值创造。所有经营数据都是日积月累的结果，体现了持续管理的价值。

✦ 第 66 条　贯彻健全资产原则

企业应当建立完善的资产管理体系，确保资产安全性与使用效率。通过定期开展资产清查与价值评估，能够及时识别潜在风险并采取有效的管控措施。资产管理的核心目标是实现资产的价值创造，在应收账款管理、存货控制及固定资产运营等方面，都应当以提升企业价值为导向。

✦ 第 67 条　能力要用将来进行时

个人应当建立持续学习与能力提升的机制，以适应企业发展与市场环境的变化。在设定目标时，应当以未来需求为导向，采用成长型思维模式，将预期能力作为目标设定的基准，使目标成为能力提升的驱动力。

在更宏观的层面，需要持续思考以下关键议题：科技发展的突破方向、人类文明的进步路径、地球生态的平衡机制，以及宇宙探索的创新突破等。这些议题的深入思考有助于拓展视野，为个人与组织的发展提供战略指引。

✦ 第 68 条　目标要众所周知，彻底贯彻

企业应当建立有效的目标传达机制，确保战略目标被全体员工充分理解与认同。目标管理的核心要素包括：首先，通过系统化的宣贯与培训，使目标深入人心，如每天晨会宣讲目标，每天夕会复盘目标；其次，确保目标具有可达成性，使员工通过努力能够实现既定目标。只有满足这两个条件，才能确保战略目标的顺利实现。

思考与感悟

- _____

- _____

- _____

- _____

- _____

1.4　关于开展日常工作

✦ 第69条　提高核算意识

企业应当培养全体员工的核算意识，使其关注投入产出比。提升核算意识有助于价值创造，从而提高企业的经济效益。

核算包含两个核心要素：第一，审查企业经营活动是否符合既定理念与操作流程；第二，评估这些活动是否创造了附加价值。通过系统化的成本核算，企业能够实现资源的有效配置与价值创造。

✦ 第70条　以节俭为本

企业应当建立费用优化机制，通过系统化的费用管理提升运营效率。费用控制不仅是提升企业竞争力的重要手段，更是实现可持续发展的重要保障。在具体实施中，企业可采取以下措施：首先，全面梳理费用科目，识别并削减非必要支出，同时建立制度规范，防止此类支出再次发生；其次，根据费用规模进行优先级排序，重点管控主要支出项目。以业务招待费为例，应当设定明确的优化目标（如从 X 元降至 Y 元），制订详细的实施计划，并将责任落实到具体人员。这种费用优化策略强调资源的有效配置，而非简单的支出限制，能够在不影响运营质量的前提下实现整体效益最大化。

✦ 第71条　按所需数量购买所需物品

在采购决策中，应当避免因追求单价优惠而过量采购。过量采购可能导致多重负面影响：首先，造成资源浪费；其次，仓储租赁与库存资金利息等额外费用可能抵消价格优势；最后，若遭遇产品规格变更，积压材料可能无法使用，从而导致重大损失。

京瓷集团的实践证明了"按需采购"策略的有效性。该策略要求采购部门严格依据实际需求进行采购，即使承担略高的单价。这种策略带来了以下优势。

- 培养资源珍惜意识：当物资供给与生产需求精确匹配时，使用者会自发形成节约意识。
- 提升生产质量：以开关安装工序为例，严格限定固定螺丝数量能够促使操作人员提高作业精度。
- 建立责任意识：零库存管理通过倒逼机制，强化了全员杜绝浪费的责任感。

"按需采购"策略虽然无法获得批量折扣，但其综合效益显著：通过减少资金占用降低经营风险，精简仓储管理成本，实现更高效的发展。这种策略的核心在于建立"即时响应"的供应链思维，以精准供给替代盲目囤积，这也是现代企业规避经营风险的关键举措。

✦ 第72条　贯彻现场主义

企业经营者应当深入生产一线，通过实地调研了解实际情况，及时解决运营中的问题。现场管理是问题识别与决策制定的关键环节，只有基于第一手资料，才能做出准确的判断与决策。以费用控制为例，当某项费用持续偏高时，管理者应当深入现场，分析费用产生的具体环节，并制定针对性的优化方案。

✦ 第73条　重视经验

在技术开发与产品制造过程中，实践经验与理论知识的结合至关重要。以陶瓷制造为例，虽然原料混合、成型与烧结的理论流程易于理解，但粉末混合的具体操作参数与工艺控制，必须通过实践才能掌握。这是因为固体粉末的混合程度难以通过理论预测，需要依靠实际操作经验来判断。

在管理咨询实践中，经验的重要性更加凸显。资深咨询师能够通过现场观察与数据分析，快速识别问题并提出解决方案。相比之下，缺乏经验的从业者往往难以准确把握问题本质，也难以提供有效的改进建议。因此，持续积累经验，将知识转化为实践能力，是提升专业水平的关键。

管理咨询作为知识密集型行业，要求从业者具备系统的知识体系与专业技能。专业能力的培养需要长期积累，这种"十年磨一剑"的精神，是咨询行业立足的根本。

✦ 第 74 条　制造完美无暇的产品

企业应当建立严格的质量管理体系，确保产品达到卓越标准。高质量的产品不仅是赢得客户信任、获取市场份额的关键，更是企业核心竞争力的体现。这一原则适用于所有工作领域，强调追求卓越的重要性。在具体实践中，部分从业者未能充分重视质量标准，导致工作成果存在缺陷。事实上，工作质量直接反映了专业精神，我们应当以敬畏之心对待每一项工作。低质量的产品不仅损害企业声誉，更是对专业操守的背离。

✦ 第 75 条　倾听产品的声音

企业应当建立完善的客户反馈机制，持续优化产品与服务。通过系统收集与分析客户使用数据，能够准确把握市场需求，开发符合客户期望的产品。同时，提供超越客户预期的服务品质，有助于塑造独特的品牌形象，提升企业价值。这种以客户为中心的经营理念，强调对客户需求的深入理解与持续满足。通过细致的市场观察与数据分析，企业能够洞察客户的潜在需求，实现产品与服务的创新。这种专注与用心的经营方式，最终将转化为企业的竞争优势。

✦ 第 76 条　贯彻一一对应的原则

企业应当建立严格的财务管理制度，确保每笔交易都有完整的记录与凭证支持。严格执行一一对应原则，能够有效防范财务风险，保障资产安全。这种对应关系在管理实践中

具有重要意义，通过确保交易记录与凭证的完全匹配，可以
实现经营数据的真实性与可靠性。

✦ 第 77 条　贯彻双重确认的原则

企业应当在关键业务流程与重要决策环节建立双重确认
机制，以确保操作的准确性与安全性。这种管理方式能够有
效降低人为失误风险，为企业的稳健运营提供保障。双重确
认原则体现了风险防控的管理理念，通过制度设计最大限度
地减少操作错误。

这种管理原则在实际应用中具有广泛性：金融机构在支
付操作中采用多重验证流程，公共交通系统也普遍实施确认
机制。在企业经营中，无论是采购管理还是销售流程，都应
当严格执行双重确认原则，确保运营的规范性与安全性。

✦ 第 78 条　要把事情简单化

在企业管理与个人发展中，应当以实践为导向，通过持
续的行动与总结来提升能力。在具体实施中，应当避免过度
复杂的规划，而应聚焦核心目标，制定切实可行的方案。以
新产品开发为例，应当明确项目的核心价值与战略意义，围
绕关键目标开展工作。

这种经营理念强调"目标导向"与"持续优化"：首先，
任何决策都应当基于明确的目标与意义；其次，通过简化流
程实现效率提升。正如"大道至简"所揭示的，最有效的管
理方法往往是最简洁的。

思考与感悟

- _____
- _____
- _____
- _____
- _____

第二章

什么是阿米巴经营

2.1　阿米巴经营的前世今生

2.1.1　稻盛和夫先生简介

稻盛和夫（1932—2022 年）出生于日本鹿儿岛市，享年90 岁。幼年时期他随父亲修习隐秘佛教，自 5 岁起开始接触宗教修行。1955 年，他毕业于鹿儿岛大学工学部应用化学系（主攻有机化学方向）。

大学毕业后，稻盛和夫经教授推荐入职濒临破产的松风工业株式会社。初入职场时，他因企业困境心生怨艾，后经自我反思转变心态，甚至将生活用品搬入实验室，全心投入科研工作。最终，他成功研发出具有国际领先水平的新型陶瓷材料，由此确立了职业发展的价值追求。

1959 年（时年 27 岁），因经营理念与上司产生分歧，稻盛和夫率领 7 名同事共同创立京都陶瓷株式会社（现称京瓷集团）。自 1959 年创立至 2023 年，京瓷集团历经 64 年发展，成功跨越五次全球性经济危机，始终保持盈利，年均收益率维持在 10% 以上，创造了日本企业史上的经营奇迹。

1984 年，时年 52 岁的稻盛和夫在功成名就后再次创业。为促进日本通信产业健康发展并降低日本国民通信费用，他创立 KDDI 公司进军通信领域。作为初创企业，KDDI 与NTT 等行业巨头展开竞争，最终凭借稻盛和夫"利他经营"的理念，仅用十余年时间便跻身世界 500 强企业行列。

2010 年 1 月 19 日，日航（日本航空公司）申请破产保护。

稻盛和夫先生受日本首相鸠山由纪夫之邀，出手挽救日航。尽管从未涉足航空业，且冒着毕生声誉可能毁于一旦的风险，稻盛和夫先生不顾家人劝阻，以"大义名分"于 2010 年 2 月 1 日正式接管日航，全面投入重建工作。他提出拯救日航的三重理由：若日航倒闭，将导致日本经济衰退；日本国民失去航空出行的选择权；日航（原"全日航"）三万余名员工将失去生计。年逾古稀的稻盛和夫先生毅然担此重任，亲赴一线工作现场，以经营哲学感召员工。仅用一年时间，日航便在 2011 财年实现 1 884 亿日元的惊人利润。更令人瞩目的是，经过两年零八个月的重整，日航于 2012 年 9 月 19 日成功重返东京证券交易所主板市场。

稻盛和夫先生毕生致力于企业经营与哲学研究。1983 年创立"盛友塾"（后于 1989 年更名为"盛和塾"），通过全球企业家教育推动经营管理革新。1984 年创立稻盛财团并设立"京都奖"，该奖项因评选标准的创新性被誉为东方的"诺贝尔奖"。

2013 年，稻盛和夫先生辞去日本航空公司董事长职务，全身心投入盛和塾的全球运营，以毕生经营智慧助力企业提升经营管理水平，促进世界经济可持续发展。其卓越贡献使其荣获"人生之师、经营之圣"的美誉，同时被公认为兼具企业家、教育家、科学家、哲学家和慈善家多重身份的管理大师。

稻盛和夫先生著述等身，累计出版管理哲学著作 40 余部。

晚年封笔之作《心》(于 2019 年出版)系统阐释"心不唤物，物不至"的核心哲学，强调"万法唯心造，一切始于心，终于心"的经营真谛，揭示利他主义对商业成功的根本价值。该著作完整呈现其"人生即修行，经营即修心"的终极哲学体系，为企业经营者提供了灵魂修炼的实践路径。

2.1.2　稻盛和夫经营体系

稻盛和夫经营理念包括三大部分：(1)哲学：包括人生哲学与经营哲学；(2)阿米巴经营模式；(3)人事体系：包括评价、资格等级、激励与教育培训等内容。三者之间的关系如图 2-1 所示。

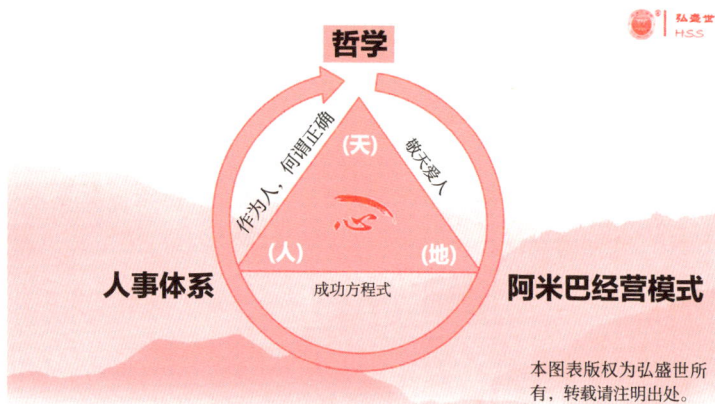

图 2-1　稻盛和夫经营理念三大部分之间的关系

哲学是根基，阿米巴经营模式是实践哲学的道场，人事体系是支撑阿米巴经营模式运行的保障。三者三位一体，本自一元。正如"人法地，地法天，天法道"的哲学思想。稻盛和夫经营哲学体系建构出三重核心：（1）作为人，何谓正确；（2）成功方程式；（3）敬天爱人。其精髓凝练为"以心为本"的经营理念。

2.1.3　什么是经营哲学

经营哲学本质上是指导企业运营的规范与准则，是经营者必须遵循的核心原则。它不仅明确了企业的发展宗旨与战略目标，更明确了企业最终要达成的组织形态，即通过塑造优秀的企业品格，实现其长远发展愿景。

2.1.4　稻盛和夫经营哲学与中国传统文化

稻盛和夫先生曾在一次演讲中提到，他的哲学思想源于中国圣贤文化中的宗教与哲学智慧。我认为稻盛和夫经营哲学植根于东方传统文化精髓，融汇了儒释道三家思想，具体体现如下。

首先，稻盛和夫先生具有深厚的佛学修养。他五岁时便随父亲秘密念佛，65岁在京都圆福寺剃度出家，后担任该寺"西城殿"的护持工作。他捐建的寺院建筑被命名为"大和殿"。另外，他一生践行"自利利他"的精神，坚信"爱、真诚、和谐"。特别值得注意的是，稻盛和夫先生的《六项精进》与佛教"六波罗蜜"修行体系形成精妙对应。

（1）付出不亚于任何人的努力——对应"精进"波罗蜜。

（2）要谦虚，不要骄傲 —— 对应"忍辱"波罗蜜。

（3）每天反省 —— 对应"持戒"波罗蜜。

（4）积善行，思利他 —— 对应"布施"波罗蜜。

（5）活着就要感谢 —— 对应"般若"（智慧）波罗蜜。

（6）不要有感性的烦恼 —— 对应"禅定"波罗蜜。

其次，他的很多哲学观点与儒家思想高度契合，尤其是关于"仁义礼智信"的核心价值。

（1）稻盛和夫经营哲学三大核心理念：实践重于知识、重视伙伴关系、摒弃感性烦恼。——对应子曰："学而时习之，不亦说乎？有朋自远方来，不亦乐乎？人不知而不愠，不亦君子乎？"

（2）《京瓷哲学》第 2 条"爱、真诚及和谐之心"。——对应礼之用，和为贵。

（3）《京瓷哲学》第 10 条"贯彻完美主义"。——对应子谓《韶》："尽美矣，又尽善也。"谓《武》："尽美矣，未尽善也。"

（4）《京瓷哲学》第 16 条"成为漩涡的中心"。——对应为政以德，譬如北辰，居其所而众星共之。

（5）《京瓷哲学》第 23 条"实践重于知识"。——对应子路有闻，未之能行，唯恐有闻。

（6）《京瓷哲学》第 24 条"要不断从事创造性的工作"与第 73 条"重视经验"。——对应温故而知新，可以为师矣。

（7）《京瓷哲学》第 24 条"要不断从事创造性的工作"、第 31 条"追求人类的无限可能性"及第 70 条"以节俭为本"。——对应君子食无求饱，居无求安，敏于事而慎于言，就有道而正焉。可谓好学也已。

（8）《京瓷哲学》第 36 条"乐观构思、悲观计划、乐观实行"与第 41 条"深思熟虑到'看见结果'"。——对应必也临事而惧，好谋而成者也。

（9）《京瓷哲学》第 48 条"抱纯粹之心，走人生之路"。——对应《诗》三百，一言以蔽之，曰：思无邪。

（10）《京瓷哲学》第 57 条"重视伙伴关系"与《领导者的资质》第 4 条"获得众人的爱戴与尊敬"。——对应晏平仲善与人交，久而敬之。

2.1.5　什么是实学

实学是指企业经营的具体方法论体系。作为实践导向的管理理论，实学强调可操作性与落地性，主要由两大部分构成：一是支撑阿米巴经营模式的会计八项基本原则，二是阿米巴经营。

2.1.6 支撑阿米巴经营模式的会计八项基本原则

（1）探究事物的本质原则：秉持求真务实的科学精神，以追求真理为根本导向。

（2）以现金为基础原则：在企业经营中，"现金为王"的理念居于核心地位。企业应当高度重视净现金流的管理，将其作为衡量经营成效的关键指标。

（3）一一对应原则：实现收入与支出的精确匹配，有效控制成本，优化资源配置，从而为经营效益的最大化奠定基础。

（4）筋肉坚实原则：确保企业各项资产均能有效创造价值，避免无效资产或低效资产对企业造成负担。

（5）完美主义原则：强调目标达成度的绝对性，其核心理念在于追求100%的完成标准。根据稻盛和夫先生的管理哲学，即使达成99.99%的成果，仍不能称之为真正的完美。

（6）双重确认或多重确认原则：通过建立完善的确认流程，有效防范操作风险，珍爱员工。

（7）提高核算效益原则；通过科学的成本控制和效益优化，实现企业的可持续发展。企业经营成效最终需要通过财务结果来验证，而持续盈利是企业生存与发展的基础，更是实现企业使命与愿景的前提条件。

（8）玻璃般透明原则：通过信息透明化来建立良好的人际关系与组织信任。在京瓷的大家族式经营模式下，这一原则强调组织成员间应当建立相互信任、互助互爱的伙伴关系。通过实现经营信息的公开透明，企业能够培养共同的价值理念，推动全体员工为实现组织目标与个人幸福而共同努力。

在京瓷集团推行的会计八项基本原则中，探究事物的本质被确立为首要原则。这一原则强调企业经营活动应当建立在深入理解业务本质的基础之上，通过把握事物本质来指导经营决策，确保管理实践的科学性与有效性。

2.1.7　支撑阿米巴经营模式的人事体系

阿米巴经营模式的人事体系以稻盛和夫先生的"成功方程式"为理论基础，构建了完整的人力资源体系。该体系包含六大核心模块：薪酬制度、评价制度、晋升制度、奖金激励制度、员工福利制度及人才培养制度，各模块相互协同，共同支撑阿米巴经营模式的实施与发展。

基于企业人才战略，构建系统化的人才体系。首先，企业需要建立清晰的人才画像，以京瓷集团为例，其人才画像包含三个核心维度：哲学践行度、自我革新能力及对组织发展的贡献度。围绕这一人才画像，企业通过评价制度对员工进行系统性评估，评估结果直接与激励机制和晋升体系挂钩。

在阿米巴经营模式下，晋升机制主要体现为资格等级晋升，而非传统意义上的职务晋升。这种设计源于阿米巴经营模式独特的职务与资格等级柔性匹配机制。随着员工资格等级的提升，其薪酬待遇、福利保障及奖金激励将实现梯度增长。同时，企业还注重精神层面的激励，通过表彰制度实现员工的物质与精神双重满足，从而切实落实企业使命，推动组织与员工的共同发展。

思考与感悟

- _____
- _____
- _____
- _____
- _____

2.2 什么是阿米巴

"阿米巴经营"这一概念的命名源自单细胞生物阿米巴虫的特性。阿米巴虫作为原生生物，具有根据环境变化自主调节形态、进行细胞分裂的独特适应能力。京瓷集团创始人稻盛和夫先生观察到这种生物特性与企业管理理念的高度契合性：企业组织需要像阿米巴虫一样具备灵活应变、自主发展的能力。基于这一理念，京瓷集团将这种强调组织灵活性与自主性的经营管理模式命名为"阿米巴经营"，开创了独具特色的企业管理范式。

阿米巴虫作为地球上最古老的生命形式之一，其生物学特性具有重要的借鉴意义。首先，其强大的生命韧性体现在长达 40 亿年的进化历程中，展现了卓越的生存能力。其次，阿米巴虫具有显著的环境适应能力，能够通过形态变化（包括体积调整）来应对不同的环境条件。最后，其顽强的生命力表现为在各种极端环境下均能维持生存的适应机制。最为独特的是，阿米巴虫展现出群体协作精神：在恶劣生存条件下，弱小的个体主动让渡生存空间给强壮的个体，这种利他行为确保了种群的持续繁衍与进化。

思考与感悟

- _____
- _____
- _____
- _____
- _____

2.3　什么是阿米巴经营

　　阿米巴经营模式是一种基于组织信赖关系的赋权式经营体系。该模式通过组织细分实现经营透明化，运用数据化手段聚焦经营目标，并以单位时间附加值为核心评价指标，有效激发组织活力。在实施过程中，该模式致力于培养员工的自主性与工作积极性，使其以饱满的热情投入日常工作，最终实现企业经营效益最大化与员工物质精神双重满足。作为京瓷集团首创的创新型经营管理体系，其核心框架如图 2-2 所示。

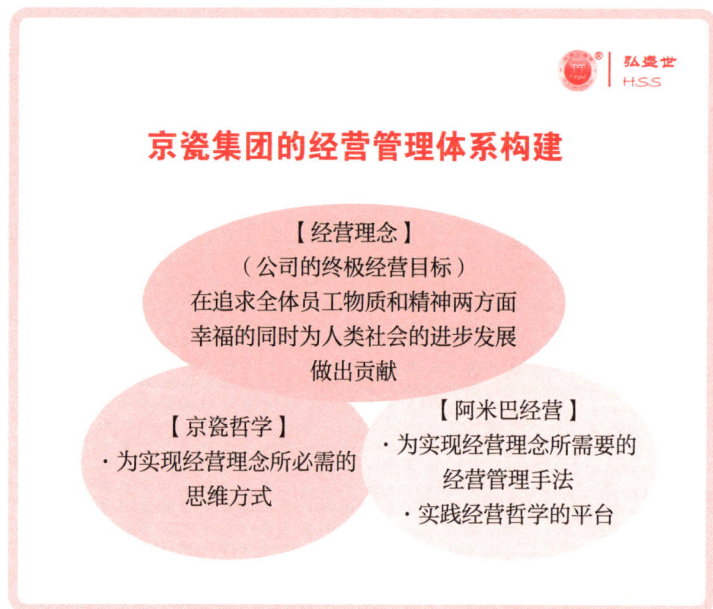

图 2-2　京瓷集团创新型经营管理体系

思考与感悟

-
-
-
-
-

2.4　阿米巴经营能给企业带来什么

2.4.1　及时应对市场变化

阿米巴经营模式通过构建分部门独立核算机制，实现了市场压力的内部传导。该机制使各阿米巴组织能够实时获取市场信息，及时调整经营策略，从而有效提升企业的市场响应能力与竞争优势。

阿米巴经营模式通过构建内部交易机制，实现了市场信息的及时传导。该机制使制造部门能够准确掌握产品的盈利状况与成本控制要点，同时促使各阿米巴组织在内部与外部供应商、其他阿米巴的竞争环境中，不断优化经营策略以适应市场变化。这种独特的运营模式显著提升了企业的市场竞争力，其优势是传统管理模式所无法企及的。具体而言，销售部门与制造部门之所以能够协同高效地响应市场变化，关键在于双方都深度参与了市场竞争，形成了良性的互动机制。

2.4.2　培养具有经营者意识的"人财"

阿米巴经营模式的核心在于培养员工的经营者意识。通过实施组织细分与独立核算机制，该模式促使员工深度参与企业经营，系统掌握财务核算技能，培养经营决策思维。这种管理方式不仅提升了员工的综合素质，更为企业培育了一批具备财富创造能力的优秀经营人才，实现了组织与个人的共同发展。

阿米巴经营模式通过经营权下放机制，实现了人才培养与组织优化的双重目标。首先，该模式通过授权赋能，持续培育具有经营者意识的"人财"，有效预防了企业规模扩张过程中可能出现的"大企业病"。其次，年轻的阿米巴领导者在实践过程中逐步积累管理经验，不断挑战更高目标，实现了个人成长与组织发展的良性互动。

经营权下放显著促进了员工的能力提升，这种成长往往超出本人及周围人的预期。该模式的核心在于充分发掘员工的潜在能力：并非企业缺乏人才，而是传统管理模式未能有效激发员工的潜能。当员工转变为经营者角色时，其能力往往能得到突破性发展。值得注意的是，领导能力的形成是一个渐进过程，需要通过持续的成功实践来建立自信。随着经验的积累，员工可以逐步承担更大、更复杂的阿米巴经营责任。

2.4.3　以哲学为基础，实现全员参与经营

阿米巴经营模式实现了"全员参与式经营"的管理理念，通过激发员工的主观能动性，使其以高度的责任感、成就感和归属感投入工作。在该模式下，每位员工都立足于自身岗位，致力于为所属阿米巴及整个组织创造价值。阿米巴长与团队成员通过共同制定并实现经营目标，深刻体会到工作的意义与价值。

这种经营方式使员工在工作中获得成就感与自我实现的机会，从而主动提升专业能力与综合素质。通过持续的工作实践，员工不仅实现了个人能力的最大化发展，更促进了人格的全面成长，最终形成组织与个人共同发展的良性循环。

2.4.4　加速经营节奏

京瓷集团在经营循环速度上展现出显著优势，其运营效率较一般企业提升了一个周期。具体而言，当其他企业仍在按月分析目标计划与实绩差异时，京瓷集团已通过日反馈机制完成了日常事务的优化与新策略的探索；当其他企业按季

度或半年度制订利润计划时，京瓷集团已实现了月度经营目标的系统性管理；当其他企业通过三至五年的中期规划确定发展方向时，京瓷集团已将战略部署纳入年度计划框架。

这种差异的根源在于信息反馈机制的效率差距。长期累积的反馈速度优势，使京瓷集团在经营决策与执行效率方面建立了显著的竞争优势，最终体现在企业经营成果的显著差异上。

2.4.5　实现自下而上和自上而下的融合

（1）共享价值观体系：企业通过持续宣贯与强化经营理念，确保其被全体员工认同。京瓷集团通过京瓷哲学的实践，成功实现了决策层与基层在理念和价值观层面的高度统一。

（2）共享目标机制：阿米巴经营模式在授权赋能的同时，通过单位时间核算制度构建了决策层与执行层的联结机制。该制度不仅确保了组织价值观的一致性，更实现了经营目标的统一性。具体而言，各阿米巴的单位时间核算数据汇总形成企业整体经营指标，为决策层提供科学依据；同时，基层员工能够直接感受到决策层对其工作成果的关注，这种双向互动显著提升了组织的执行力与创新活力。

2.4.6 实现可视化经营

京瓷集团推行的"玻璃般透明经营"模式，实现了企业经营信息的双向透明化。该模式使决策层能够全面掌握企业的运营细节，同时确保基层员工清晰了解整体经营状况，构建了高效的信息共享机制。

企业经营不透明性的根源在于信息混杂。不同类型的信息相互干扰，导致关键数据被掩盖，影响了决策的准确性。阿米巴经营模式通过组织细分策略有效解决了这一问题，其核心在于将需要独立评估的经营单元划分为独立的阿米巴组织，确保每个经营单元的信息清晰可见，从而实现整体经营的透明化管理。

阿米巴经营模式建立了完整的独立核算体系。在该体系下，每个阿米巴组织都需要进行独立核算，其中公共费用按比例分摊至各阿米巴，包括最小规模的基层单位。通过将整合性业务划分为独立的阿米巴单元，并精确计算各单元的核算数据，最终汇总形成企业整体的经营核算报表。这种精细化的核算机制使决策层能够全面掌握各业务环节的经营状况，通过数据驱动的透明化管理，提升经营决策的准确性与科学性。

阿米巴经营模式通过小规模组织单元的设计，显著提升了经营管理的可操作性。基层阿米巴领导人的管理范围经过精心设计：制造部门的负责人可能仅管理单一设备，销售部门的负责人则专注于特定区域。这种小规模管理模式具有以下优势：首先，便于经营者准确掌握经营现状，及时识别资源浪费；其次，降低了管理难度，即使缺乏丰富经营经验的管理者也能有效解决问题。这种设计确保了经营管理的精细化与高效性。

2.4.7　降低企业经营风险

在阿米巴经营模式中，会计八项基本原则贯穿经营管理的全过程，包括以现金为基础原则、一一对应原则、双重确认或多重确认原则及筋肉坚实原则等。这些原则的系统实施，有效降低了企业的现金流风险、库存管理风险、内部控制风险及资产管理风险，帮助企业消除经营"虚胖"，回归商业本质，实现稳健发展。

实践表明，阿米巴经营模式能够有效护航企业发展，显著降低经营风险。具体而言，该模式通过以下机制实现持续价值创造：首先，建立快速市场响应机制，提升企业适应能力；其次，系统培养具有经营者意识的"人财"，优化人力资源结构；然后，实施全员参与式经营，激发组织活力；再次，促进创新与协作，增强企业核心竞争力；最后，通过精细化核算管理，提升经营效率。这些机制共同作用，为企业实现持续高收益提供了系统化保障。

综上，企业实施阿米巴经营模式的目的如图 2-3 所示。

及时应对市场变化

培养具有经营者意识的"人财"

降低企业经营风险

七大目的

以哲学为基础，实现全员参与经营

实现可视化经营

加速经营节奏

实现自下而上和自上而下的融合

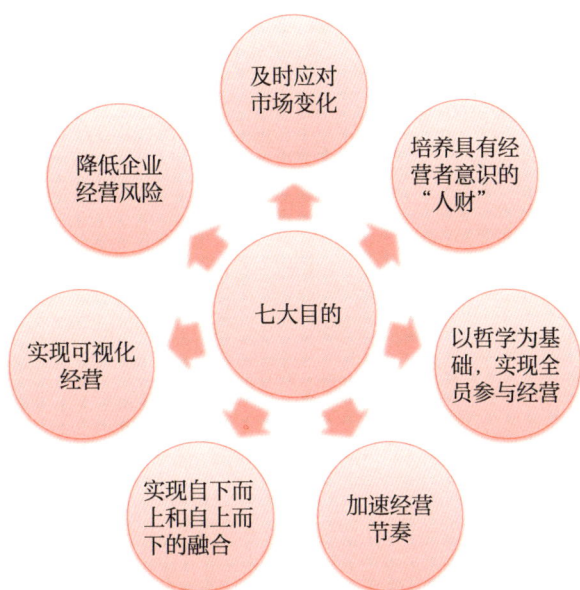

图 2-3　企业实施阿米巴经营模式的目的

思考与感悟

- _____
- _____
- _____
- _____
- _____

第三章

阿米巴经营之基础

3.1　全员物心幸福

　　"全员物心幸福"是稻盛和夫先生经营哲学的核心理念，贯穿于京瓷、KDDI、日航等企业的经营管理实践。该理念强调企业经营的首要目标是实现全体员工物质与精神的双重满足。具体而言，物质幸福体现在薪酬待遇的持续提升、福利体系的不断完善及激励机制的优化；精神幸福则表现为员工在工作中获得意义感、实现个人成长，并在专业能力提升与内心修养的过程中收获成就感与幸福感。

　　《京瓷哲学》开宗明义地提出"与'宇宙的意志'相协调"的观点，认为宇宙的本质是爱与光明。这一理念指导企业营造充满关爱与正能量的组织氛围，让每位员工都能在温暖的环境中实现自我价值。

思考与感悟

- _____

- _____

- _____

- _____

- _____

3.2　心本经营

组织效能的发挥依赖于精神引领与价值观凝聚，这一原则适用于国家、企业及家庭等各类组织。单纯依赖利益维系的组织关系难以持久，以利益控制人心的最大弊端在于：当利益供给不足时，将导致严重的组织反噬，这也是众多中小企业经营失败的重要原因。京瓷集团的发展历程充分证明了组织演进的三个阶段：从利益共同体到事业共同体，最终发展为命运共同体。作为从街道小工厂起步的企业，京瓷集团最初仅拥有有限的技术资源和 28 名相互信赖的员工。正是基于这种坚实的信任基础，京瓷集团实现了持续发展，验证了"心本经营"作为长久经营之道的有效性。

思考与感悟

- _____

- _____

- _____

- _____

- _____

3.3　阐述工作的意义

工作对个体而言具有多维度的价值与意义。首先，工作满足了个体的基本生存需求，为其提供必要的物质保障；其次，工作具有重要的社会功能，帮助个体避免无所事事导致的精神空虚；最后，也是最为重要的一点，工作的价值不仅体现在经济回报层面，更在于通过创造社会价值实现自我认同与精神满足。个体在工作过程中建立的社会连接、实现的价值创造及获得的成就感，构成了人生幸福的重要来源。

当前社会存在对"努力工作"价值的认知偏差，部分群体不仅轻视劳动的意义，甚至对积极工作者持以负面态度。然而，稻盛和夫先生的管理哲学强调，深入理解工作意义、培养工作热情并全身心投入，是实现人生价值的重要途径。以教师职业为例，当教师秉持"传道授业解惑"的理念时，其职业神圣感自然显现。教师的职责不仅在于知识传授，更在于人格塑造。同样，医生救死扶伤的白衣天使精神，战士保家卫国的责任担当，这些职业价值的认知都能激发个体的内在动力，培养奉献社会、服务他人的使命感与责任感。

思考与感悟

-

-
-
-
-

3.4 探究事物的本质

《大学》中提出的"物有本末，事有终始，知所先后，则近道矣"这一哲学命题，揭示了认知与实践的基本规律。要真正理解事物的本质，必须对其进行深入探究。所谓深入探究，是指以专注的态度把握事物的核心特征，通过系统性研究揭示其内在规律。这种对事物本质的深刻理解，不仅能够深化对特定对象的认知，更可以迁移应用于其他领域。

即便面对看似单调乏味的工作任务，也应将其视为使命所在，以专注的态度倾注全部心力。通过持之以恒的不懈努力，终将揭示事物背后的本质规律。当个体真正理解事物的内在真理后，无论从事何种工作或处于何种环境，都能够充分发挥自身潜能，实现价值的最大化。

践行稻盛和夫先生的经营理念需要遵循系统化的学习路径，按照特定次序逐步推进，方能实现高效学习。首先，企业经营者必须明确经营哲学的基础地位，清晰界定企业的使命与愿景，并深刻理解稻盛和夫先生强调的"大义名分"理念。其次，需要构建企业发展的战略蓝图。

思考与感悟

- _____
- _____
- _____
- _____
- _____

3.5 阿米巴之战略

稻盛和夫先生在《阿米巴经营》一书中系统阐述了组织构建的逻辑：职能导向优先于组织结构设计。具体而言，职能的确立源于战略规划，而战略的制定则需要以企业使命与愿景为指导，形成实现组织目标的系统化路径。阿米巴经营模式强调将战略目标分解为年度目标、月度目标，直至日常核算，构建从宏观到微观的完整闭环管理体系。在此过程中，战略作为连接宏观与微观的关键枢纽，发挥着核心作用。

对中小企业而言，面对大型企业在人才、技术、设备及资源等方面的显著优势时，唯有通过差异化战略寻找市场空位，才能实现生存与发展。从实践层面来看，战略包含两个核心要素：战略定位与经营策略。其中，能够有效解决客户痛点、填补市场空缺的产品或服务，是战略制定的关键考量因素，具体如图 3-1 所示。

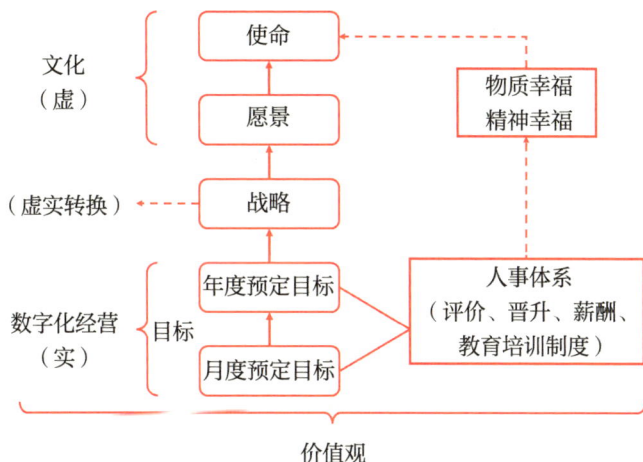

图 3-1　战略制定需考虑的因素

战略作为核心要素，贯穿于阿米巴经营模式实施的各个环节。这一逻辑关系可以从以下维度进行解析：首先，企业文化建设需要以清晰的战略为导向；其次，组织架构的调整必须服务于战略落地；最后，分部门独立核算制度的建立应充分体现战略意图，其中收入构成比等关键指标可作为战略执行情况的检验标准。任务单作为支撑核算表目标达成的重要工具，其核心在于确保任务完成的执行力与必胜信念。核算表中的预定值与实绩通过构成比分析，能够实时监控战略执行效果。经营分析会的首要任务是评估战略相关性，确保所有经营活动与战略目标保持一致。人事体系的设计需要明确战略人才需求与长远发展所需人才储备，通过系统化的人才战略，实现从招聘、培养到使命达成的人才发展闭环。由此可见，阿米巴经营模式构建了一个以战略为主线的完整闭环管理体系，充分彰显了战略在企业管理中的核心地位。

战略规划是企业高层管理者的核心职责，是确保组织可持续发展的关键环节。对于战略梳理的方法论，管理学界普遍认同三种基本范式：差异化战略（Differentiation Strategy）、成本领先战略（Cost Leadership Strategy）及网络效应战略（Network Effects Strategy）。稻盛和夫先生在《企业成长战略》一书中对此进行了深入阐述，建议企业管理者深入研读，以指导战略制定与实施。

思考与感悟

- _____

- _____

- _____

- _____

- _____

第四章

阿米巴经营之组织划分

4.1　组织细化

组织细化的必要性主要体现在以下三个方面：首先，通过组织分权解决经营者精力有限与企业规模扩张之间的矛盾，培养具有经营者意识的"人财"；其次，实现经营过程的可视化管理；最后，通过组织规模优化，明确个体价值，强化激励机制。在阿米巴经营模式下，独立核算机制与日度核算制度的实施，使工作成果透明化，从而有效激发全员参与的积极性与竞争意识。同时，组织细化有利于系统化培养经营者梯队。

关于阿米巴组织的规模配置，采用 7±2 原则，即每个小组织以 5~9 人为宜。当组织规模过大时，应及时进行组织裂变，以提升决策效率与市场响应能力，确保经营目标的实现。这种组织架构充分体现了小规模单元在管理效率与执行力方面的优势。

思考与感悟

- _____

- _____

- _____

- _____

- _____

4.2　及时调整组织

　　阿米巴虫的形态适应性预示了组织管理的核心原则：根据环境变化及时调整组织结构，确保其始终处于最佳状态。因此，企业需要持续评估组织架构与当前经营环境的匹配度，以应对瞬息万变的市场环境。近年来，外部环境的剧烈变化使"不确定性"成为常态，这就要求企业建立灵活的组织调整机制。具体而言，组织架构应具备动态调整能力，既可根据需要划分为一个个小单元，也可进行适当合并，以保持组织活力。当管理者无法有效履行管理职责时，应考虑进行组织裂变；当特定组织的存在影响企业整体目标实现时，则需进行组织合并。这些决策需要管理者基于战略目标进行审慎判断。

思考与感悟

- _____

- _____

- _____

- _____

- _____

4.3　企业整体最优原则

在实施阿米巴经营模式时，必须突破单一阿米巴的局限，坚持企业整体最优原则。具体而言，需要关注以下三个关键维度。

首先，平衡个体与整体利益。阿米巴的自主经营并不等同于各自为政，在鼓励各阿米巴发挥创新能力的同时，必须确保组织间的协同效应。京瓷集团提出的"销售保交期，制造保订单"理念，正是对缺乏整体思维的警示，强调各阿米巴需要换位思考，及时纠正偏离整体目标的行为。

其次，培养全局视野。经营者意识的培养本质上是对大格局观的塑造，要求管理者能够从企业整体发展的角度进行决策。

最后，建立统一的判断标准。京瓷集团以"作为人，何谓正确"为判断基准，而我国中小企业则以企业价值观为核心准则。特别是在企业内部市场化运作中，必须强化整体意识，避免内耗。全员的关注重点应放在企业整体单位时间附加值的稳定提升上，而非局限于个别阿米巴的绩效增长。

思考与感悟

- _____

- _____

- _____

- _____

- _____

4.4 部门的职能与责任

阿米巴经营模式强调价值创造导向，要求各部门在明确自身职责的基础上，实现协同效应，共同推动企业整体发展。

为确保企业整体目标的一致性，必须明确各组织的职能定位与责任边界，同时帮助员工清晰界定岗位职责、行为规范及绩效期望，从而使组织价值最大化。具体而言，销售部门的核心职责是实现销售目标最大化，通过订单获取、产品交付及货款回收等业务流程，为生产部门提供稳定的订单支持，推动业务规模扩张。其绩效评估应聚焦于企业整体利益的提升。生产部门的核心使命是按照客户要求的质量标准与交付期限提供产品与服务，在确保产品质量的同时，通过过程控制与流程优化，实现附加价值最大化。其绩效评估应关注企业整体利润的提升。采购部门的核心职能是在规定时间内，以低于要求方预期的价格采购高质量物资，通过直接与间接的方式为企业创造价值。其绩效评估应注重采购成本节约与供应链效率提升。

思考与感悟

- _____
- _____
- _____
- _____
- _____

4.5 经营管理部门

在事业部独立核算的基础上，以阿米巴经营模式为核心构建的经营管理体系，其确立、维护与运营统称为经营管理。作为企业的核心职能部门，经营管理部门承担着实践阿米巴经营理念与经营哲学的重要使命。在实践中，企业可根据实际情况设立独立经营管理部门或在现有部门中增设相关职能，但必须始终坚持使命感与责任感。

　　经营管理部门的核心职责包括：第一，贯彻落实经营与会计八项基本原则；第二，秉持"追求事物本质"的理性思维与"作为人，何谓正确"的价值判断基准；第三，确保阿米巴经营模式在企业内部的有效运行与哲学理念的深度渗透。通过系统化的管理机制，保障企业稳健有序发展。

思考与感悟

- _____

- _____

- _____

- _____

- _____

4.6　核算部门

　　阿米巴经营模式通过组织细分实现全员参与，确保经营结果透明化。在这一模式下，越来越多的部门承担起企业的盈利责任。京瓷集团将其称为核算部门，而非"利润部门""成本部门"或"费用部门"。这一命名体现了稻盛和夫先生的管理理念：首先强化核算意识，其次提升核算效益，最后培养具有经营者意识的"人财"，形成渐进式人才培养体系。

核算部门的职能具有鲜明的行动导向性，其核心工作包括：评估战略执行情况，识别内部控制盲点，确保数据的全面性、完整性与及时性，以及衡量附加价值创造能力。这些工作既体现了核算的实质，也彰显了阿米巴经营模式的价值创造导向。

思考与感悟

- _____

- _____

- _____

- _____

- _____

4.7　成为核算部门的条件

核算部门的设立需要满足以下三个标准。

第一，具备明确的收入与费用核算能力。其核心在于部门职能活动与销售额、利润的关联度，以及收入规则与费用规则的明确性。

第二，具有独立完成业务的能力。其核心在于组织是否具备创新与优化的空间。

第三，能够有效执行企业战略与方针。其核心在于部门是否充分发挥其存在价值，准确执行企业战略意图，并为客户提供一致性服务。

不符合上述标准的部门则被划定为非核算部门。在京瓷集团的管理实践中，采用"核算部门"与"非核算部门"的分类方法，以明确各部门的职能定位与责任边界。

思考与感悟

-
-
-
-

4.8　非核算部门

在阿米巴经营模式中，非利润中心被称为非核算部门。具体而言，非核算部门是指与销售额、利润关联度较低的职能部门。与核算部门的主要区别在于，非核算部门的核心职能是为核算部门提供支持与服务，通过优化资源配置（在同等服务水平下实现费用最小化）与提升运营效率（时间最短化），间接创造价值。

思考与感悟

4.9　非核算部门的作用

　　非核算部门在企业组织架构中具有重要价值。其存在意义在于保障企业正常运营，虽然无法直接影响销售额与利润，但通过以下核心职能发挥作用：第一，为核算部门提供支持与服务；第二，促进企业经营理念与方针的贯彻实施；第三，制定并监督执行企业管理规范，推动企业健康发展。

　　作为组织构建中不可或缺的组成部分，非核算部门与核算部门形成互补关系，正如阴阳平衡之道，共同构成完整的组织体系。

思考与感悟

- _____
- _____
- _____
- _____
- _____

第五章

阿米巴经营之培养经营人才

5.1 培养具有经营者意识的创富"人财"

稻盛和夫先生在创立京瓷之初，面临资金匮乏与管理经验不足的双重挑战，所有决策都需要亲力亲为。在深入思考后，他意识到培养员工以主人翁精神对待工作、主动承担责任并创造价值，是解决问题的关键。基于这一理念，他创新性地开发了阿米巴经营模式，通过小组独立核算机制，培养了大量具备经营者意识的"人财"。

思考与感悟

- _____
- _____
- _____
- _____
- _____

5.2 全员参与经营

阿米巴经营模式的核心理念是在共同价值观的基础上实现全员参与经营。这一模式强调每个阿米巴单元都具备自主经营能力，同时鼓励所有成员积极参与决策，为经营策略贡献智慧。当每位成员都能通过参与经营实现自我价值，并朝着共同目标努力时，团队效能将得到最大化提升。

实现全员参与的关键在于领导者的经营理念与行为方式。领导者必须真正重视每位员工的价值，给予充分的尊重与关怀。如果仅将员工视为生产工具，全员参与将难以实现。具体而言，领导者需要做到：建立真诚的上下级关系，以成就下属为己任；将日常工作问题转化为具体课题，鼓励员工主动承担课题组长职责；组建临时项目小组，专注于解决特定问题；实施即时激励机制，及时认可员工贡献。

通过这种方式，不仅能够有效解决实际问题，还能提升员工的工作积极性与成就感，最终实现组织与个人的共同发展，达成全员幸福的目标。

思考与感悟

- _____

- _____

- _____

- _____

- _____

5.3　以市场为导向

通过对企业成败案例的系统分析，我们发现众多曾经优秀的领军企业逐渐丧失竞争优势。深入研究表明，决策层与市场脱节是导致企业经营失败的关键因素。具体表现为：决策者无法获取真实的市场信息，难以倾听市场声音，从而陷入主观臆断的经营模式。这种"高层隔离"现象在组织管理中尤为危险，当管理者长期处于决策层位置时，往往难以获取真实的反馈信息，这直接威胁到企业的可持续发展。

阿米巴经营模式强调以市场为导向，其核心理念包括内部市场化机制、核算定价体系及预定管理思路等。脱离市场实际谈经营无异于纸上谈兵，缺乏实践价值。企业存在的根本价值在于解决特定社会问题，因此其必须聚焦市场需求，优化客户服务，这是商业经营的本质要求。

思考与感悟

5.4　赋权式经营

阿米巴经营的核心目标之一是培养具备经营者意识的"人财"。其培养机制主要基于赋权式管理模式，即将经营权下放至基层阿米巴负责人，使其对经营结果承担直接责任。然而，正如稻盛和夫先生所强调的，赋权不等于放任，高层管理者仍需发挥以下关键作用：确保基层经营决策与企业整体战略保持一致，提供业务指导与团队建设支持，通过持续指导促进下属的成长与发展。

京瓷集团的评价体系为此提供了最佳实践案例：在绩效评估过程中，直接主管完成初步评价后，间接主管进行复核，以确保评估的客观性与企业价值观的一致性，从而实现人才培养与组织发展的统一。

思考与感悟

- _____

- _____

5.5　水库式经营

正向现金流是企业经营的生命线，若现金流运转不畅，净利润将失去实际意义。因此，企业必须深刻认识到保持正向现金流的重要性。

水库式经营理念源于松下幸之助先生的管理智慧，其核心在于建立类似水库的调节机制。具体而言，水库具有以下功能：蓄积水源；根据季节与气候的变化，持续满足用水需求。这种调节与储备机制确保了水资源的稳定供应。将这一理念应用于企业经营，要求各部门建立风险缓冲机制，当外部环境发生变化时，企业仍能维持稳定发展。其关键在于：在经济繁荣时期为未来可能的萧条做好准备，始终保持经营余裕。这种前瞻性的经营策略就是水库式经营的精髓所在。

思考与感悟

- _____

- _____

- _____

- _____

- _____

5.6　定价即经营

定价对企业的生存发展具有决定性作用，价格应确定在客户能够乐于接受、企业又能实现盈利的最高点上。

5.6.1　定价方法

定价通常采用以下三种方法。

（1）成本导向定价法，即常见的成本加成定价法，它是通过把产品的单位成本与预期利润相加来确定产品价格的。

（2）竞争导向定价法，侧重于关注竞争对手的价格，企业的定价决策主要依据竞争环境来制定，如随行就市法和密封投标定价法等。

（3）需求导向定价法，又被称为差异定价法，如飞机经济舱与头等舱的价格差异，这是基于不同的需求而制定的。

另外，还有认知价值定价法，如知名大品牌的定价，就是依据消费者对产品认知价值的高低来确定价格的。

5.6.2　定价原则

定价通常需要遵循以下三项原则。

（1）客户接受度原则：价格应处于客户可接受范围内。

（2）盈利能力原则：根据市场状况确定价格，各部门协同降低费用。

（3）决策层级原则：定价决策应由高层领导负责。

5.6.3　定价关键要素

定价通常需要考虑以下三项关键要素。

（1）联动机制：定价、采购与生产成本控制必须协同运作，定价不能孤立进行。

（2）市场导向：在完全竞争市场中，产品价格由市场决定，企业应着重控制制造成本与采购成本。

（3）利润来源：订单或定制模式下，利润主要来自制造部门，研发是利润源头，采购也是重要利润贡献点。

5.6.4　定价决策流程

定价决策流程体现在以下四个方面。

（1）价值评估：经营者需要准确评估产品价值，找到销售量与利润率的最佳平衡点。

（2）信息收集：业务员应系统收集市场信息，为定价决策提供依据。

（3）信息验证：高层领导需对收集的信息进行核实与甄别。

（4）决策执行：定价决策应由高层领导最终确定，避免业务员随意定价或过度依赖低价竞争。

定价决策的成效取决于管理者的战略视野与决策能力，需要综合考虑市场需求、成本结构及产品价值等多重因素。

思考与感悟

- _____

- _____

- _____

- _____

- _____

5.7 内外部客户

在阿米巴经营模式中，客户关系分为外部客户关系与内部客户关系。外部客户关系直接影响企业生存，因此企业要持续为客户创造价值，提供优质产品或服务。内部客户关系则体现在组织间的协作中，包括：生产部门与销售部门之间，生产工序之间，核算部门与非核算部门之间。每个组织必须明确自身职能与使命，确立存在目的与实现路径。以非核算部门为例，其首要职责是为核算部门提供支持与服务。在生产工序中，下道工序是上道工序的内部客户，只有满足下道工序的质量、交期与成本要求，才能实现最佳内部协作。

明确内部客户关系的必要性在于：企业往往过度关注外部客户而忽视内部客户，导致组织间协作效率低下。通过强化内部客户意识，可以有效提升部门间的服务意识，优化内部协作流程，从而提高整体运营效率。

思考与感悟

- _____
- _____
- _____
- _____
- _____

第六章

阿米巴经营之分部门独立核算及核算规则建立要点

6.1　库存式销售

从生产标准来看，企业要严格遵循自身标准、行业标准或国家标准进行产品生产，确保产品的规范性和一致性。在价值链构成方面，该模式呈现清晰的业务流程：销售部门通过系统化的市场调研，深入分析客户需求，据此制定产品策略和生产计划，继而向生产部门下达明确的生产指令。在这一价值创造过程中，销售部门始终处于主导地位。

这种"库存式销售"的商业模式具有特定的适用场景，通常在快消品等行业中得到广泛应用。其核心特征在于企业根据市场预测实施批量生产，产品入库后通过销售渠道完成分销。

值得注意的是，企业在制定销售策略时，必须首先明确其业务模式的本质属性——是库存式还是订单式。这一关键决策将直接影响企业的生产计划制订、库存管理策略及整个供应链的运作方式。明确业务模式类型有助于企业建立与之相匹配的运营体系，从而实现资源的最优配置。

思考与感悟

- _____

- _____

- _____
- _____
- _____

6.2　内部交付价

阿米巴经营模式通过内部市场化机制传递市场信息，实施分部门独立核算制度。在销售模式选择上，主要采用两种经典模型：订单式（定制化生产）与库存式（库存式销售）。京瓷集团在订单式模式下采用佣金制，而在库存式模式下则采用内部买卖机制。

内部买卖机制的核心是"内部交付价"，即以销售部门的期望价格作为内部交易定价基准。销售部门从制造部门采购产品后，通过市场销售实现价值增值。由此可见，在库存式销售模式下，销售部门在企业价值创造过程中处于主导地位。

思考与感悟

- _____
- _____

- _____

- _____

- _____

6.3 定制化生产

定制化生产模式具有以下特征：企业根据客户特定要求进行产品生产，所生产的产品通常无法转售给其他客户。其价值链表现为：生产部门的技术能力与客户需求高度匹配。具体流程包括：生产部门根据客户需求进行产品试制，与客户就产品规格达成一致后开展批量生产；销售部门在业务过程中主要承担信息传递与业务协调职能，处于辅助支持地位。在定制化生产模式下，研发部门在企业利润创造过程中发挥着主导作用。

思考与感悟

- _____

- _____

- _____

-
-

6.4　佣金制

在定制化生产模式下，阿米巴经营采用佣金制核算机制。具体而言，销售部门获取的订单金额计入制造部门的生产收入，制造部门按约定比例向销售部门支付佣金。销售部门创造的附加价值体现为佣金收入与销售费用的差额，反映其经营成果。制造部门创造的附加价值则为生产收入扣除佣金支出与制造费用（不含人工成本）后的余额。

例如，京瓷集团制造部门向销售部门支付的佣金率为10%。该比例的确定基于严谨的市场调研：当时贸易行业的平均经营利润率在3%～5%。通过10%的佣金率，销售部门在扣除各项费用后，可实现3%～5%的经营利润率，这与市场水平相当。

稻盛和夫先生在制定佣金率时，始终坚持数据驱动与市场导向原则，确保规则的公平性与合理性。这一实践启示我们：在实施佣金制时，必须建立科学的定价依据，确保规则的公正性与可持续性。

思考与感悟

- _____
- _____
- _____
- _____
- _____

6.5　内部交易

在阿米巴经营模式中，企业内部各工序间的产品流动采用市场化交易机制，这种产品与资金的内部流转被称为内部交易。通过内部交易机制，各阿米巴单元实现独立核算与自主经营。部门间及部门内部均可进行交易，以此培养全员的经营意识。

内部交易定价采用市场价格倒推法，即以外部市场价格为基准，由外向内在各部门间进行交易定价。具体流程为：销售部门将订单全额转交制造部门，制造部门依据产品工序，采用倒序法进行内部交易。这种定价机制明确表明：产品价格由市场决定，而非基于企业成本加成。

阿米巴经营的核心在于将市场信号传递至企业内部，使每位员工都能感知市场变化并及时做出响应。这种灵活的市场响应机制有效提升了企业的整体经营能力，体现了阿米巴经营模式的独特优势。

热压车间内部阿米巴之间的内部购销示例如表 6-1 所示。

表 6-1 热压车间内部阿米巴之间的内部购销

单位：万日元

	压模	烧成	分拣	热压车间
对外出货			100	100
内部销售	30	70		100
内部采购		30	70	100
生产总值	30	40	30	100

思考与感悟

-
-
-
-
-

6.6　合作对价

　　阿米巴经营模式通过分部门独立核算制度实现企业内部市场化，因此部门间及部门内部存在内部交易机制。根据不同的业务特征，内部交易定价主要采用以下三种方法：（1）市场定价法：以外部市场价格为基准；（2）合作对价法：适用于需要多部门协同完成的服务；（3）成本占比法：基于成本构成进行分配。

　　其中，合作对价法适用于物流等行业。以物流服务为例，货物从接收至安全送达需要多个环节协同完成，包括：（1）收货网点：负责货物接收与运费收取（19%）；（2）分拣平台：负责货物分拣（20%）；（3）运输线路：负责货物运输（30%）；（4）到货网点：负责货物交付（31%）。

　　运费统一由物流公司收取后，其会按上述比例向各环节支付对价。这种定价方法也广泛应用于医疗等行业，体现了多部门协同作业的价值分配原则。

思考与感悟

- _____

- _____

- _____

- _____

- _____

6.7　售价还原成本法

售价还原成本法是一种基于成本率进行生产成本控制的方法。其计算方式为：产品成本率 = 产品成本 ÷ 产品售价 × 100%。当产品售价发生变化时，生产成本则按相同比例调整。以某产品为例，成本率为 70%，原售价为 2 元 / 瓶。由于市场竞争加剧，售价降至 1.8 元 / 瓶，则调整后的生产成本为 1.26 元 / 瓶（1.8 × 70%）。通过这种方法，该产品的生产成本从 1.4 元 / 瓶降至 1.26 元 / 瓶，有效确保了企业的利润空间。在阿米巴经营模式下的定制化、订单式生产模式中，生产部门在企业利润创造过程中处于主导地位。

思考与感悟

- _____

- _____

- _____

- _____

- _____

6.8　按需购买，即用即买

　　企业日常采购应遵循"按需购买"原则，即根据实际需求进行采购，避免过量囤积。这一原则的优势在于降低采购成本与库存风险。然而，实践中常面临供应商最低采购量的限制。对此，京瓷集团采取以下应对策略。

　　（1）需求确认机制：要求使用部门确认最低采购量，明确超额部分的保管责任，确保物尽其用。

　　（2）供应商协商：与供应商沟通拆零销售，适当提高单价，实现供需双方共赢。

　　稻盛和夫先生强调"按需购买"的重要性，其核心理念体现在以下三个方面。

　　（1）风险防控：企业经营如履薄冰，需谨慎管理库存，避免因市场变化导致的资金占用与库存贬值。

　　（2）效率提升：轻资产运营可加速资金周转，降低库存积压风险。

　　（3）价值最大化：要实现资源的最优配置与利用。

　　这种采购策略不仅增强了企业的抗风险能力，也体现了精益管理的核心思想。

思考与感悟

- _____

- _____

- _____

- _____

- _____

6.9　工资不计入费用

在阿米巴经营模式中，员工工资不计入部门费用是一项重要特征，其设计基于以下考量。

（1）经营原则：费用最小化是经营的基本原则之一。若将工资计入费用，可能导致管理者过度关注工资削减，影响经营效率。

（2）人事管理：由于员工工资存在差异，若阿米巴负责人掌握具体薪资信息，可能影响人事决策的公正性，从而阻碍人员流动，降低组织灵活性。

（3）使命导向：如果工资计入费用，根据经营的原理和原则，这就与企业的使命——"追求全员物心幸福"相违背。

关于临时工的管理内容如下。

（1）临时工、派遣工等非正式员工不计入阿米巴组员，其工资作为外包服务成本计入部门费用。

（2）临时工的使用属于可削减的费用项目。

（3）组织定编时已确保完成目标的充分性，出现临时工需求反映组织职能未充分发挥。

因此，阿米巴负责人应着力提升团队成员的能力与效率，通过优化管理降低费用，而非依赖临时工。这体现了阿米巴经营模式对人力资源的独特经营理念。

思考与感悟

6.10 没有固定费用与变动费用之分

在传统管理会计中，费用通常被划分为固定费用与变动费用。然而，稻盛和夫先生的经营理念提出了不同的视角：所有费用都具有可控性，不存在绝对的固定费用与变动费用之分。以折旧费为例，虽然通常被视为固定费用，但稻盛和夫先生建议在固定资产采购前应进行深入思考。

（1）必要性评估：是否确实需要购置该资产？

（2）租赁替代：市场上是否存在可租赁的同类设备？

（3）二手设备：是否可以考虑采购二手设备？

（4）投入产出分析：如必须采购新设备，需评估其投入产出比。

（5）资产利用：设备闲置时，是否可以通过租赁提高利用率？

这种思维方式体现了稻盛和夫先生的核心经营理念：万物皆处于动态变化之中，费用管理也不例外。我们应当突破传统"常识"的局限，深入探究事物的本质，以动态的视角审视和管理企业运营中的各项费用。

思考与感悟

- _____

- _____

- _____

- _____

6.11　征收制

在阿米巴经营模式下，建立费用核算规则是实践"收入最大化，费用最小化"原则的重要环节。费用核算主要采用以下两种模式。

（1）征收制：公司级非核算部门的费用不直接分摊给核算部门，而是按照预设系数向各核算部门统一征收。征收标准通常基于人员数量或时间，而非销售额，以体现公平性原则。征收系数的计算公式为：征收系数 = 公司级非核算部门总费用 ÷ 核算部门总人数。在实际操作中，建议将征收系数设置得略高于实际数值，以确保全面覆盖核算部门总费用，避免出现核算部门盈利而公司整体亏损的情况。

（2）分摊制：费用按照特定标准在各核算部门间进行分配。

这种费用核算机制的设计，旨在确保阿米巴经营模式的公平性与可持续性，同时实现整体经营目标。

思考与感悟

- _____
- _____
- _____
- _____
- _____

6.12　分摊制

在阿米巴经营模式中，组织架构分为核算部门与非核算部门。核算部门是价值创造主体，非核算部门则提供支持服务。当非核算部门支持核算部门实现共同目标时，相关费用的分摊应遵循以下原则。

（1）谁受益，谁承担。

（2）根据各主体的受益程度大小进行合理分摊。

（3）按人员数量或时间进行分摊。

费用分摊的具体应用如下。

（1）明确受益对象：如董事长出差开发市场，所产生的相关费用由销售部门全额承担。

（2）按各主体的受益程度大小分摊：如董事长同时开发

客户与供应商，共花费四天时间，其中开发客户用三天，拜访供应商用一天，则产生的相关费用按 3∶1 比例由销售部门与采购部门分别承担。

（3）公共费用分摊：如董事长带领高管参加培训，即不仅仅是为某个部门服务，所产生的相关费用按人员数量在各核算部门间分摊。

费用分摊的层次如下。

（1）部门内部：如销售部门内设的客服部费用，由部门内各小组承担。

（2）公司层面：财务部、人力资源部等公共部门的费用，按人员数量在各核算部门间分摊。

采用按人员数量分摊而非销售额比例的原因如下。

（1）公平性：避免销售额高的部门承担过多费用。

（2）经营导向：促使阿米巴负责人关注人员价值最大化，优化组织效率。

（3）理念践行：回归稻盛和夫先生"培养人、教育人、成就人"的经营哲学。

这种费用分摊机制体现了阿米巴经营模式的公平性与人才培养导向。

思考与感悟

- _____
- _____
- _____
- _____
- _____

6.13　想定工作制

在阿米巴经营模式中，"单位时间附加值"是统一的绩效评价指标。这一指标的最大创新在于引入了时间管理维度，强调在有限时间内创造更大价值。总时间的计算包括以下四个部分：正常工作时间、加班时间、移动时间、分摊时间。

在实际应用中，非打卡人员（如业务员）的时间统计常面临挑战。为解决这一问题，京瓷集团采用"想定工作制"：根据部门实际情况，在建立核算规则时设定约定工作时间。例如，公司标准工作时间为每天 8 小时，考虑到业务员的工作特性，可将其约定工作时间设定为每天 10 小时。这种灵活的工时制度既保证了时间管理的有效性，又适应了不同岗位的工作特点。

思考与感悟

- _____
- _____
- _____
- _____
- _____

6.14 移动时间

在阿米巴经营模式中，人员跨部门支援时涉及的时间转移被称为移动时间。为确保公平性与合理性，必须制定明确的时间转移规则。例如，京瓷集团规定支援时间超过 30 分钟即计入移动时间。具体而言，当业务淡季的阿米巴向业务旺季的阿米巴派遣富余人员时，支援时间应计入被支援阿米巴的时间核算。

制定明确的时间转移规则具有以下意义：提高组织协同效率、促进部门间协作、实现整体最优化、突破部门本位主义。

这种机制鼓励各部门在明确自身职责的基础上，积极参与跨部门支援活动，从而提升整体运营效率。

思考与感悟

- _____

- _____

- _____

- _____

- _____

6.15 库存的责任

在阿米巴经营模式下，库存管理责任明确划分至各阿米巴单元，体现了阿米巴长作为经营者的责任担当，具体责任划分如下。

（1）成品库存：由销售部门负责，确保合格产品及时销售，实现商品价值。

（2）辅料库存：由制造部门负责，根据生产需求合理使用。

京瓷集团采用库存利息征收机制进行库存管理。

（1）设定合理库存周转天数。

（2）超期库存按高于同期银行贷款利率征收利息。各企业根据情况，自行制定。

（3）利息计算公式：利息金额 = 计息基数 × 利率 × 计息天数。

以服装生产为例，成品经检验合格入库后，设定 30 天内发货。超期未出库部分开始计征库存利息。这种机制有效规避了库存资金占压风险，防止出现"陶瓷石块论"（即库存报废直接冲减利润导致资产贬值）。

思考与感悟

- _____
- _____
- _____
- _____
- _____

6.16　健全资产

阿米巴经营模式强调严格控制费用，坚决消除无法产生利润的库存及其他冗余资产。在核算表设计中，必须重点关注库存管理，特别是长期库存的处理。

（1）明确区分：在核算表中严格区分正常库存与长期库存。

（2）及时处理：对长期呆滞产品，设定具体处理期限，不得计入资产或利润。

（3）资产优化：通过及时变现，保持资产结构的健康与流动性。

京瓷集团的库存管理原则如下。

（1）按需采购：仅采购必要材料。

（2）按需生产：仅生产有市场需求的产品。

（3）即时处理：一旦出现不良资产，就立即采取措施。

处理不良资产的必要性如下。

（1）短期损失：可能造成短期账面损失。

（2）长期利益：避免问题积累导致更大损失。

（3）经营原则：坚持在健全的资产状态下运营企业。

这种严格的管理机制确保了企业资金流的健康与透明度，体现了阿米巴经营模式的精益管理理念。

思考与感悟

- _____

- _____

商业的盛道

- _____
- _____
- _____

第七章

阿米巴经营之核算表
构建及活用

7.1 核算表

在阿米巴经营模式中，"单位时间核算表"的命名体现了其独特的经营哲学与管理理念。这一命名基于以下核心要素。

（1）哲学基础：如《京瓷哲学》第69条提高核算意识与《经营与会计》第6条提高核算效益。

（2）管理创新：融入时间管理概念，衡量每个阿米巴组织每小时创造的附加价值。

单位时间核算表的设计与应用如下。

（1）哲学关联：每个核算科目对应相应的哲学条目。

（2）科目设置：明确列示核算科目。

（3）勾稽关系：建立科目间的逻辑关系。

（4）金额表示：精确到元，培养数字化意识。

（5）战略检视：通过构成比分析，评估战略执行效果。

正如稻盛和夫先生所言，核算表是注入经营灵魂的工具，其设计与应用体现了阿米巴经营模式的精髓。

阿米巴每日核算表模板如表7-1所示。

表7-1　阿米巴每日核算表模板

核算理念	核算科目	序号	金额（元）	构成比（%）
销售最大化	收入总额	①		
费用最小化	费用总额	②		
提高核算意识	结算收益	③＝①－②		

（续表）

核算理念	核算科目	序号	金额（元）	构成比（%）
效率最大化	总时间	④		
提高核算效益	单位时间附加值	⑤＝③÷④		
全员幸福	工资／奖金／福利／教育等	⑥		
光明正大地追求利润	税前利润	⑦＝③－⑥		
	税前利润率	⑧＝⑦÷①×100%		
	调整金额			
健全资产的原则	期初库存	⑨		
	本期入库	⑩		
	本期出库	⑪		
	期末库存	⑫＝⑨＋⑩－⑪		

思考与感悟

- _____

- _____

- _____

- _____

- _____

7.2　每日核算

在企业经营中，核算工作绝非仅局限于月底的例行任务。企业在经营过程中需要深刻认识到，月度核算表是基于日常运营数据的持续积累而形成的。要使核算表真正发挥指导经营的作用，就必须尽可能实现每日核算。相较于弥补上月未达成的预定目标，追回昨日未完成的目标显然更为容易。因此，企业应严谨地核算每日收入与支出，通过持续的日常核算，及时发掘经营中的亮点，并将其提炼为标准化流程，以便固化执行；对于经营过程中遇到的难题，应及时集思广益，寻求解决方案，并快速实施改进。通过确保每日目标的达成，年度目标的实现也就水到渠成。正如稻盛和夫先生在"经营三要诀"中所强调的第二条要诀："仔细检查每日收支"，其核心就是通过每日核算来检视当日的价值创造。利润的积累正是这种日复一日持续经营的必然结果。

思考与感悟

-
-
-
-
-

7.3　可视化经营

可视化经营是阿米巴经营模式的核心目标之一。阿米巴经营通过组织单元的精细化划分，实现了企业经营全过程的透明化管理。这种可视化机制主要体现在以下方面。

首先，阿米巴经营将企业的生产一线、客户关系、市场动态及经营问题等关键要素完全透明化，从而有效提升企业的核心竞争力。具体而言，通过各类经营数据的系统呈现，使企业的各项经营活动变得"可视化"，打造出"可见的工作现场"，进而提高经营管理的效率和服务客户的能力。

其次，在阿米巴经营模式下，每个独立经营单元都要有自己部门的核算表，部门的所有工作成果都如实反映在核算数据中。这些客观数据真实地记录了团队在每个时间节点的努力程度和取得的成果，因此阿米巴经营模式本质上就是一种可视化的经营模式。通过数据，经营者不仅能够了解经营状况，更能洞察数据背后员工的工作状态和心理动态。

最后，借鉴日本企业的看板管理模式，阿米巴要求每个独立经营单元实施独立核算，使每日的经营实态都能得到清晰呈现。这种机制确保了企业经营如同玻璃般透明，实现了真正意义上的可视化经营。

思考与感悟

- _____
- _____
- _____
- _____
- _____

7.4 信息透明

玻璃般透明经营是阿米巴经营模式的重要理念，其核心在于最大限度地公开必要的经营信息。具体而言，各末端的阿米巴组织必须如实公开经营数据，使团队成员能够直观地发现问题，共同寻求改进方案，以不断提升经营效益。

稻盛和夫先生提出这一经营理念的深层目的在于构建信任关系。阿米巴经营模式本质上是一种大家族式的经营模式，要求每位成员都承担相应责任，贡献智慧与力量。在这一模式下，经营者与员工之间形成的是伙伴关系，而非传统的劳资对立关系，这体现了和谐共生的经营哲学。

透明化经营的核心价值在于：通过信息共享，使基层员工能够准确理解高层领导者的战略意图与经营现状。这种透明化经营使员工能够及时调整工作方向，明确组织目标，并为之努力。古人云："利可众，谋可寡"，这启示我们，在实现透明化经营的同时，仍需注意保护必要的商业机密，在公开与保密之间寻求平衡。

思考与感悟

- _____

- _____

- _____

- _____

7.5　数据及时反馈给现场

在阿米巴经营模式下，经营数据的及时反馈机制具有重要价值。具体而言，各阿米巴单元的经营实绩需要在当日营业结束后立即完成统计，并于次日早晨反馈至一线现场。这种即时反馈机制能够满足员工及时了解工作成果的需求，特别是当员工提出的改善建议能够在第二天的经营数据中得到体现时，这种正向激励将显著提升员工的工作积极性。

京瓷集团的实践经验表明，当员工养成每日查看经营业绩的习惯后，若突然中断数据反馈，反而会严重挫伤员工的工作热情。从经营层的角度来看，决策者应当比任何人都更迫切地需要及时掌握经营结果。这一理念与航海和驾驶的原理相通：越早发现潜在危机，就越能及时采取应对措施。

这种即时反馈机制与篮球比赛中的得分展示具有相似的激励作用。在篮球比赛中，每次得分都会即时更新记分牌，使球员能够立即看到自己的成绩，这种即时反馈能够有效激发球员的斗志。同样，在阿米巴经营模式中，每日的数据反馈机制能够为员工提供持续的动力来源，促进组织的持续改进。

思考与感悟

- _____
- _____
- _____
- _____
- _____

7.6 答案都在现场，利润都在现场

阿米巴经营模式的核心原则之一是"现场主义"。这一原则强调：经营问题的答案往往存在于生产一线，利润的创造源于现场的实际操作。经营结果是现场员工辛勤工作的直接体现，所有问题的发生与解决都植根于生产现场。只有深入现场，才能真正找到解决问题的有效方法。

以燃气费用核算为例，当发现分表总数与总表数不一致时，解决问题的关键不在于办公室内的讨论，而在于深入生产车间进行实地调查。具体而言，需要确认以下信息：车间内燃气表的数量及其分布情况、各车间的生产产品类型、总表与分表的具体差额、是否存在漏气现象或其他潜在问题。

一个典型案例充分说明了现场主义的重要性：某企业最

初仅使用一个总电表进行核算，在实施部门独立核算后，通过分析各部门的月度耗电量，发现即便在周末停产期间仍产生大量电费。经过现场检查，最终发现是相邻工厂存在窃电行为。这一问题的解决充分证明，只有践行现场主义原则，才能有效发现问题并加以改进，从而提升整体经营效益。

思考与感悟

- _____

- _____

- _____

- _____

- _____

7.7　销售最大化、费用最小化

稻盛和夫先生提出的经营哲学核心可概括为："经营的本质在于实现销售最大化、费用最小化，两者的差额即为利润最大化。"这一简洁而深刻的经营理念在京瓷和 KDDI 两家企业的长期实践中得到了充分验证。这两家企业能够持续数十年保持高利润率，以及日本航空公司从破产重组迅速跃升为全球航空业盈利冠军的案例，都印证了"销售最大化、费用最小化"这一基本原则的有效性。

在阿米巴经营模式下，通过构建分部门核算制度，各独立核算单元能够自觉地将生产经营过程中产生的费用视为自身成本，从而实现收入最大化与费用最小化的双重目标。这种机制促使各组织单元不断进行自我革新与创新，致力于追求单位时间附加价值的最大化。

具体而言，实现销售最大化需要智慧与努力的结合，而达成费用最小化则依赖于精细化管理。这一经营理念的实践表明，看似简单的原则往往蕴含着深刻的经营智慧。

思考与感悟

- _____
- _____
- _____
- _____
- _____

7.8　时间效率最大化

在阿米巴经营模式中，提升"单位时间附加值"是每个阿米巴单元的核心目标。这一目标要求各单元时刻关注总时间的使用效率，并通过持续的创新与改进来提升部门工作效率。需要明确的是，减少总时间并非意味着压缩正常工作时间，即使在不加班的情况下，员工仍需在规定时间内完成既定工作目标。

在实际运营中，即使面临订单减少、每日实际工作量低于规定时间的情况，工作时间仍按照正常规定计算。这种机制促使各部门深入思考如何更有效地利用时间，这已成为部门经营的重要考量因素。通过关注总时间，能够在工作现场营造出适度的紧张感和速度感，激发员工自觉提升工作效率的积极性。

在现代企业经营中，速度已成为关键竞争要素，时间效率的提升直接关系到企业的市场竞争力。正如管理学界普遍认同的观点：时间是人生最宝贵的资源。因此，高效利用时间不仅适用于企业经营，更是个人成功的重要法则。

思考与感悟

-

- _____
- _____
- _____
- _____

7.9　结算收益

在阿米巴经营的核算体系中，"总收入 – 总费用"的计算结果被定义为"结算收益"，而非传统会计中的"毛利"或"利润总额"。这一命名的特殊性源于阿米巴经营模式独特的核算规则与经营哲学。

首先，阿米巴经营模式以守护全员幸福为核心理念，因此与提升员工幸福感相关的投入不计入费用科目。这种核算方式体现了阿米巴经营对"全员幸福投入"持续提升的追求，以及对企业经营使命的践行。

其次，阿米巴经营模式的一个显著特点是将人力资源视为资本而非成本。这一理念认为，人才是企业发展的根本，企业的所有价值创造都源于人的能动性。正是基于这种"经营人"的理念，阿米巴经营模式强调"经营人心"，即通过经营理念的贯彻和核算体系的引导，激发每位员工的内在潜力。

思考与感悟

- _____
- _____
- _____
- _____
- _____

7.10　单位时间附加值

单位时间附加值是阿米巴经营模式中的核心评价指标，其定义为：某一组织或团队在单位时间内（通常以小时计）所创造的附加价值。作为阿米巴经营模式的统一评价标准，该指标具有以下特征。

（1）通用性：不受行业类型或产品类别的限制，适用于各类组织的绩效评估。

（2）公平性：为不同组织间的绩效比较提供了统一标准，体现了公平竞争的原则。

（3）可量化性：可通过明确的计算公式得出，即单位时间附加值＝结算收益 ÷ 总时间。

思考与感悟

- _____
- _____
- _____
- _____
- _____

7.11　单位时间幸福投入

在阿米巴经营理念中，"员工是资本而非成本"的观点体现了对人力资源的尊重与重视。然而，这种尊重也要求员工必须以更加积极的态度投入工作。从经营可持续性的角度来看，各阿米巴单元必须确保其单位时间附加值高于单位时间幸福指数。

单位时间幸福指数的定义为：企业在一定时期内为全员幸福所投入的总额（包括工资、奖金、福利、培训等）除以总时间。这一指标是衡量企业能否持续运营的重要基准。只有当单位时间附加值持续高于单位时间幸福指数时，企业才能实现良性发展。

在阿米巴经营模式下，企业被视为命运共同体，每位成员都应当努力成为"养活他人"的贡献者，而非"依赖他人"的接受者。这种理念强调了个体对组织的责任与贡献。

需要特别说明的是，单位时间幸福指数的计算采用企业整体数据，而非部门数据。这一计算方式基于稻盛和夫先生的经营哲学：薪酬信息应当保密。如果采用部门数据进行计算，员工可能推算出平均薪酬水平，这将不利于企业和谐氛围的维护。

思考与感悟

- _____
- _____
- _____
- _____
- _____

7.12 构成比

构成比这一指标用于核算各明细项目在总收入中的占比。以企业客户分类为例，假设某企业年度销售收入为 1 亿元人民币，其中 VIP 客户占比 32%，对应销售额为 3 200 万元；一般客户占比 65%，对应销售额为 6 500 万元；劣质客户占比 3%，对应销售额为 300 万元。该指标的设置具有重要的战略意义，它能够有效检视企业战略的执行情况。例如，若企业战略定位于重点发展 VIP 客户以提升利润率，那么通过构成比分析，就可以明确发现需要将 65% 的一般客户逐步转化为 VIP 客户这一改善方向。

此外，构成比同样适用于费用分析。稻盛和夫先生提出这一方法的核心理念是：让经营者清晰掌握各项费用在总收入中的占比，明确每百元收入中各项费用的具体消耗情况。这种量化分析有助于引起经营者对成本控制的重视，切实贯彻"收入最大化，费用最小化"的经营原则，从而实现企业经营的持续优化。

思考与感悟

- _____
- _____
- _____
- _____

7.13　实绩和余额的管理

在阿米巴经营模式下，实绩管理与余额管理是确保企业经营效率的两大核心要素，具体管理要点如下。

1.实绩管理

实绩管理要求每日进行核算，及时掌握实绩达成进度，敏锐洞察市场变化，以便快速做出应对决策。在单位时间核算制度的运行中，正确、迅速地获取实绩数字是如实反映各阿米巴经营状况的关键。若无法准确把握实绩，单位时间核算表将难以真实呈现各阿米巴的运营实态。因此，建立统一的实绩数字获取机制和管理方法至关重要。

实绩管理的三个基本要点如下。

（1）部门职能活动结果必须准确体现在核算表中。

（2）核算方法应遵循公平公正、简单易懂的原则。

（3）通过实绩数据和余额来把控业务流程。

2.余额管理

余额管理需要重点关注以下两个方面的内容。

（1）客户需求满足度：及时响应客户需求，践行客户至上原则，全面提升客户满意度。

（2）内部经营效率：监控未完成订单情况，确保生产满负荷运转，实现制造部门效益最大化。

经营三要诀中的第二要诀强调：在日常经营中，必须严格把控实绩与余额管理，每日认真核查收支情况，这也是关注实绩及经营成果的重要过程。

通过科学有效的实绩管理和余额管理，企业能够实现精细化运营，提升整体经营效益。

思考与感悟

- _____

- _____

- _____

- _____

- _____

7.14　税前利润

在阿米巴经营核算体系中，税前利润是一个重要的核算科目。其计算公式为：税前利润 = 结算收益 − 全员幸福的总投入。这一指标基于组织的职能和使命，反映了组织在未缴所得税前所创造的实际价值。

在核算过程中，为什么只计算到税前利润，而不延伸到净利润呢？这源于阿米巴经营模式的特点和组织职责的划分。阿米巴经营模式本质上是一种内部模拟经营机制，各阿米巴单元虽然实行独立核算，但并不直接承担向税务部门缴纳税金的责任。因此，各阿米巴单元的经营责任仅需追求税前利润的最大化即可。至于企业需要缴纳的税种及其具体金额，则属于企业整体合并后财务部门的职责范畴。

这种核算方式体现了稻盛和夫先生"化繁为简"的经营哲学思想。通过将税务核算与阿米巴经营相分离，既保持了阿米巴经营的简洁性，又体现了对现场经营者的体谅与关怀，使一线管理者能够专注于核心业务的经营与改善。

思考与感悟

- _____

- _____

- _____

- _____

- _____

7.15　调整金额

在阿米巴经营核算体系中，"调整金额"是一个重要的设计，这也是其区别于传统会计报表的一个显著特点。那么，为什么要设置"调整金额"呢？这源于阿米巴核算与会计核算在本质上的差异。

从逻辑上讲，一个集体在同一时期的经营成果应当是唯一的，不可能存在两种不同的结果。然而，阿米巴核算表最终的税前利润额与会计报表的利润总额之间往往存在差异，这种差异就体现在核算表的"调整金额"栏中。通过分析调整金额，可以找出差异产生的原因。通常情况下，这种差异主要是因阿米巴核算规则与会计准则的不同所导致的。

具体而言，会计报表必须严格遵循会计准则的要求，而阿米巴核算规则则是根据企业的实际需求和业务模式灵活设计的，可以根据实际情况不断优化调整。因此，在阿米巴核算表中设置"调整金额"，正是为了对阿米巴核算与会计核算之间的差异进行必要的调整。

需要明确的是，会计核算与阿米巴核算是两个不同的体系，不能简单地合二为一。这是因为它们的服务对象和目的均不相同。阿米巴核算侧重于为现场员工服务，旨在提高全体员工的核算意识和经营意识；而会计核算则主要用于对外报告，如在申报纳税时，需要依据会计数据来计算应缴税金的金额。

- _____
- _____
- _____
- _____
- _____

7.16　任务单

在阿米巴经营模式中，支撑核算表中各项目标达成的措施或行动方案被称为"任务单"。这一称谓的深意在于与企业经营战略相呼应。从字面意义来看，"战略"即战争的谋略，它需要明确在何处作战、如何取胜及如何确保任务完成。这种必胜的信念和坚定的意志力，正是阿米巴经营的核心精神。阿米巴经营不仅是一种正确的思维方式，更是一种挑战文化，体现了一种强烈的求胜意识，正如军人的天职——"保证完成任务"。

通过这一思路，我们可以清晰地理解核算表与任务单之间的关系。核算表和任务单都是基于经营的原理与原则设计的，围绕"销售最大化、费用最小化、效率最大化"的目标

展开。核算表中的"预定数值"是我们期望达成的结果，而
"实绩"则是实际取得的结果。任务单的作用则是确保核算表
中的"预定数值"能够 100% 实现。因此，核算表中的数值
是"果"，而任务单中的行动与思维方式则是"因"。在"因"
上努力，在"果"上随缘。若目标未能完全实现，则需反思
动机与初心，并检视行动是否到位，通过不断改进和提升，
最终达成理想目标。

在使用任务单（示例如表 7-2 所示）时，我们需注意以
下要点。

表 7-2 XX 月阿米巴任务单

部门：   负责人：

		××月计划内容	谁负责/期限	××月实绩	是否完成	××月计划内容	谁负责/期限
本部门	销售（最大）						
	费用（最少）						
	时间（效率提升）						
其他部门	要求被委托						

（1）用金额表示：任务单中的目标需以金额形式明确表

示，精确到元。

（2）关注不确定因素：将不确定因素纳入跟踪范围，逐步将其转化为确定性。

（3）制定预案：为应对可能的变化，需提前制定预案，为目标达成留有余地。

（4）关注团队成长：将团队成长的思考转化为具体的行动方案，并持续落实。

（5）注重创新：在每项任务中追求标新立异，不断探索新的方法和思路。

思考与感悟

- _____
- _____
- _____
- _____
- _____

7.17 用数字说话

稻盛和夫先生曾强调，要用数字来经营企业。为了实现目标、战略、使命和愿景，我们需要不断创新，不断总结经验教训。这是一个成长与蜕变的过程，在此过程中，我们学会了用数字讲述企业的故事。例如，通过学习稻盛和夫先生的阿米巴经营模式，我们加强了时间管理，生产效率从原来的某个数值提升到另一个数值，我们用百分比来呈现这一变化；在关注健全资产原则时，如果谈到库存改善，我们会用周转率来衡量；在分析实绩结果与预定目标的差异时，我们会用达成比来评估。语言文字可能隐藏着不实之处，但数字能够清晰地揭示真相。如果没有数字，我们很难客观地评估从何处入手、哪里存在赢的机会及如何才能赢得成功。无论是何种类型的汇报，数字都是其核心支柱，最终成果也必须以数字的形式呈现。例如，客户需要什么产品？每个客户的需求量是多少？产品的市场价格是多少？该产品在我们企业的毛利率是多少？客户何时需要？从企业发货到客户那里的运费是多少？在途运输时间有多久？如何确保货物提前交付？提前几天交付？这些问题都必须在任务单中以数字化的形式明确体现，只有这样，我们才能深思熟虑，预见结果，并描绘出成功时的画面。

在阿米巴经营模式下，凡是使用单位时间核算表的活动，其目标和结果都以金额来表示。所有票据除了标注数量，还标有金额。员工不仅知道"买了几个"或"生产了几个"，还清楚"花了多少钱"和"赚了多少钱"。通过用金额来表示，员工自然会理解，即使是一个螺丝钉也代表着成本。金额是最简单明了且令人印象深刻的东西。通过以金额为基础的核算表，领导者能够清晰地感知自己部门为企业整体做出的贡献，同时也能切实感受到自己正在经营一个阿米巴单元。

此外，金额的表示需要精确到"元"。这一要求的目的是培养员工的数字化意识。许多经营者常常以"对数字不敏感"为借口，而稻盛和夫先生为我们提供了方法，让我们在日常工作中学会阅读数据、分析数据，并最终爱上数据。万物皆数。

思考与感悟

- _____
- _____
- _____
- _____
- _____

7.18　预定即承诺

在阿米巴经营模式中，设定目标被称为"预定"，而非"预算"。这一称谓的背后蕴含着深刻的含义。"预定"代表了一种强烈的意识和愿望，即坚定不移地达成目标。我们始终秉持着践行稻盛和夫先生理念的信念，致力于将稻盛和夫精神发扬光大。这就是"预定"的核心意义！接下来，我们需要将这一信念付诸行动，每天努力实践，深刻领悟稻盛和夫先生的智慧，并将其应用于企业经营中，直至将稻盛和夫先生的理念真正落地。成功实践稻盛和夫先生的理念是我们的目标，也是我们的承诺，因此我们必须全力以赴，实现幸福经营，不辜负稻盛和夫先生的谆谆教导。

在日常经营中，目标设定同样如此。只要我们心怀纯粹利他之心，并持续付出不亚于任何人的努力，必将实现预定目标。最重要的是，当我们拥有必胜的信念时，会享受达成目标的过程，感受到其中的喜悦与乐趣，并乐在其中。

思考与感悟

- _____

- _____

- _____

- _____

- _____

7.19 树立挑战性目标

（1）树立有挑战性的高目标：一个有挑战性的高目标能够为个人提供源源不断的动力，激发其潜能，推动其不断突破自我。

（2）树立并挑战高目标：设定并挑战高目标能够打造一个强有力的团队。在共同追求高目标的过程中，团队成员会紧密协作，形成强大的凝聚力和战斗力。

（3）树立高目标激发革新力量：高目标能够激发团队无限的革新力量。如果阿米巴的领导者真心为下属的成长考虑，就应该设定具有挑战性的目标，让下属在挑战中不断进步。相信人的无限可能性，这才是真正的关爱。

（4）树立高目标的全局视野：树立高目标不仅是一个具体的数字，更需要放眼全球。正如稻盛和夫先生在京瓷还是一家名不见经传的街道小公司时，就不断向全体员工强调："京瓷是世界的京瓷"。这种全球化的视野和远大的志向，为企业的发展指明了方向。

思考与感悟

- _____
- _____
- _____
- _____
- _____

7.20　上下同欲，目标共有

"上下同欲"出自春秋时期齐国孙武的《孙子兵法·谋攻篇》，意指上下级拥有共同的愿望，众心齐一，团结一致。在阿米巴经营模式中，目标的设定并非简单粗暴地自上而下强压式指派，也不是单纯自下而上利己式的保守申报，而是强调"上下同欲"，即自上而下与自下而上高度融合，达成深度共识，使领导者的意志与下属的愿望高度统一。

如果下属仅仅同意配合完成项目，那么该项目成功的概率大约为30%；如果下属承诺"我们一定尽力完成"，则成功概率可提升至50%；然而，若领导者能够将自己的能量传递给下属，使他们将项目视为自己的事业，那么该项目成功的概率可达90%。因此，了解下属对项目的热情程度，并将自己的能量注入下属，直至他们激情燃烧，是领导者的首要任务。

思考与感悟

- _____

- _____

- _____

- _____

- _____

7.21　费用源于行动

在阿米巴经营模式下，费用的预定与传统的预算制度在原理上存在显著差异。费用的预定并非基于历史同期或环比数据，而是源于为实现销售最大化所采取的具体行动。正因为有这些行动，才产生费用的预定；若无行动，则不应有费用的预定。这就是阿米巴经营模式中常说的"费用源于行动"，其也是培养经营者意识的重要环节，促使经营者时刻思考如何以最小的费用换取最大的销售额。

更重要的是，费用最小化的关键在于预防费用的发生，而非在费用发生后再进行管控，那时已为时过晚。以日本航空公司为例，其管控费用的方法是"费用预申请"。在疫情期间，日航对每笔超过 1 000 日元的费用都需经过预申请审批流程。由此可见，费用管控需要下足功夫。正如减肥一样，必须提前控制体重，避免其增加；一旦体重增加，再减就会变得痛苦。

思考与感悟

- _____
- _____
- _____
- _____
- _____

7.22　把哲学转化为数字

在阿米巴经营模式中，用好核算表是将哲学落实到经营数字中的关键。当经营者带头拼命工作、努力经营，并且员工齐心协力时，业绩自然会提升。然而，经济总是处于景气与不景气的交替之中。一旦经济陷入萧条，企业就可能迅速跌入亏损，这是企业常常面临的挑战。此时，读懂并熟练运用核算表显得尤为重要。有人认为哲学与核算表是两回事，这种想法是错误的。如果真正想要实践哲学，就必须将其落实到核算表中，将哲学转化为具体的数字。牢记稻盛和夫先生的教导，在经营中用心实践，实践出真知。

举例来说，《京瓷哲学》第19条提到"在相扑台的中央发力"，这如何转化为经营实践呢？具体而言，凡事要有计划，且计划需前置，给自己留有空间。例如，若客户交期为月底的最后一天，生产指令单应至少计划在25日前完成生产任务。这样，即使生产过程中出现意外，也有5~6天的时间进行弥补，确保在月底前完成交付，让客户安心、放心。

再比如，《京瓷哲学》第1条"与'宇宙的意志'相协调"，如何转化为具体的数字呢？这或许让许多人感到困惑。首先，我们需要思考，企业经营如何做才能符合宇宙的意志？企业经营必须创造高收益，这是自然规律。那么，多少才算高收益呢？稻盛和夫先生指出，经营利润最低要达到15%才能称得上是"高收益"。因此，我们可以检视企业的经营利润是否符合这一标准。无论是预定阶段还是实绩阶段，我们都需要审视企业或部门是否达到高收益水平。

思考与感悟

- _____
- _____
- _____
- _____
- _____

7.23　判断不拘泥于常识

判断基准不应拘泥于常识。常识往往强有力地固化着人的思维定式。以企业经营为例，在销售费用和一般管理费用的比例设定上，就普遍存在着对所谓"行业常识"的盲目遵从。例如，某行业的销售费用和一般管理费用通常占销售额的15%，这一比例被视为行业标准，因为行业内各企业的销售组织架构和销售方法都趋于同质化。因此，新进入该行业的企业往往不假思索地以15%的费用占比作为经营前提。这种思维惯性导致新企业不可避免地与其他企业趋同，实质上等于自动放弃了深入思考重要经营课题的机会：如何构建更适合自身产品的销售组织？如何创新销售方法？更值得警惕的是，诸如"这种行业、这种规模，税后销售利润率通常维持在 5%～6%"的行业常识，一旦被企业奉为圭臬，其经营结果就必然被限制在这个水平。一个耐人寻味的现象是，尽管每年人工成本都在上涨，企业仍能维持这一利润率水平，但要突破这一界限却困难重重。这些案例充分说明，常识往往容易成为束缚创新思维的桎梏，尽管事后回想起来会觉得不可思议。当然，我们并非要全盘否定常识的价值。问题的关键在于，那些在特定条件下成立的"常识"被错误地视为放之四海而皆准的真理，被不加甄别地生搬硬套。在瞬息万变的商业环境中，企业必须突破这类"常识"的束缚，深入洞察事物本质，持续做出科学决策，这才是保持竞争优势的关键所在。

思考与感悟

- _____

- _____

- _____

- _____

- _____

7.24　生产保订单，销售保交期

在传统管理理念中，销售部门负责订单获取，生产部门负责按期交付。然而，稻盛和夫先生倡导的"生产保订单，销售保交期"理念，源于阿米巴经营模式的独特思考。在阿米巴经营模式下，销售与生产部门都是独立的核算单元，共同参与利润创造。

在市场价格既定的情况下，企业要提升利润空间，关键在于强化制造过程的管理。因此，生产部门就成了利润创造的主导部门。那么，制造部门如何确保订单获取呢？这需要其聚焦核心职责：通过制造完美无瑕的产品，持续优化工艺流程，提升生产效率，创造更大的价值空间。当制造部门具备足够的盈利能力时，适度让利市场，就能轻松赢得客户青睐。

至于销售部门为何要确保交期，这与其在企业中的桥梁作用密不可分。销售部门既要准确把握客户交付需求，又要深入了解企业内部的生产计划和设备产能。在充分平衡生产价值最大化的前提下，确保客户交期，不仅能提升客户满意度，更能实现企业整体价值的最大化。

这一理念的转变，体现了阿米巴经营模式下部门间协同增效、共同创造价值的核心理念。通过明确各部门的职责定位和价值创造方式，企业能够更有效地整合资源，提升整体运营效率，在市场竞争中占据更有利的位置。

思考与感悟

- _____

- _____

- _____

- _____

- _____

第八章

阿米巴经营之预定目标、经营分析与人事评价

8.1 年度预定目标

年度预定目标与年度经营计划具有本质区别。年度预定目标不仅是一份目标性文件，更是基于企业整体战略及各业务单元经营方针，通过系统化思考和模拟推演制定的战略执行方案。它充分体现了阿米巴经营单元负责人"在本年度实现何种经营成果"的坚定意志与战略决心。

在实施层面，年度预定目标将逐级分解为月度预定目标，并通过日度、周度、月度、半年度及年度等多维度时间节点，对目标达成情况进行持续跟踪与动态管理。年度预定目标的成功实现，需要企业所有阿米巴经营单元协同作战，共同追求这一全局性战略目标。在稻盛和夫先生的管理哲学中，年度预定目标被视为必须达成的核心指标，是企业经营成功的关键所在。

思考与感悟

- _____

- _____

- _____

- _____

8.2　月度预定目标

月度预定目标的制定与执行是领导层战略意志的集中体现。在本月经营管理过程中，建议采取以下策略。

首先，应着重关注月度预定目标与年度预定目标的协调性，确保二者形成有机统一。同时，要密切跟踪外部市场环境的变化，及时调整经营策略。

其次，在具体执行层面，需制定翔实可行的实施方案，带领团队有效达成预定目标。在此过程中，应当建立每日经营数据跟踪机制，实时监控各项指标的完成进度，对出现的问题及时采取应对措施。通过将团队建设与目标管理相结合，在实现预定目标的过程中培养团队凝聚力，落实对成员的关怀。

特别需要注意的是，我们应当将上月经营过程中发现的问题纳入本月核算体系，实现经营改进的持续循环。这种管理方式能够有效达成阿米巴经营的三大核心目标：第一，建立快速响应市场变化的机制；第二，培养具有经营者意识的"人财"；第三，在共同经营理念的基础上，推动全员参与经营。

从方法论层面来看，月度预定目标的制定要遵循以下原则：以年度预定目标为基础，进行逐月分解；结合前期累计完成情况及当前市场环境，进行动态调整；形成具有强制性的月度必达目标。这种管理方式能够持续提升团队的执行力。通过确保每月预定目标的达成，最终实现年度经营目标。原则上，月度预定目标大于月度计划。

思考与感悟

- _____

- _____

- _____

- _____

- _____

8.3　预定会

在阿米巴经营模式中，"单位时间附加值"的实绩固然重要，但更为关键的是预定目标的制定。在京瓷集团的经营实践中，每月末都会召开次月预定会议，而在经营分析会上，大部分时间也都用于审核预定目标的实现路径。这一过程强调团队共同推敲、制定切实可行的预定目标，并采取可靠的执行措施。如果预定目标本身缺乏现实依据，那么实际结果也难以令人满意。

因此，在阿米巴经营模式下，企业需要倾注全力制定预定目标，尽可能将所有可行方案和目标纳入计划，然后通过预定与实绩的数据对比找出改进空间，持续提升经营效率。稻盛和夫先生曾强调："预定比实绩更重要。"然而，许多企业往往忽视了这一关键的月度预定会议。

在阿米巴经营模式下，企业通常设有两个重要会议：一是每月初的"经营分析会"，主要用于评估上月经营情况；二是每月底的"预定会"，重点制定下月经营目标。这两个会议共同构成了阿米巴经营的重要管理机制，确保企业经营目标与实际执行的紧密衔接。

思考与感悟

-
-
-
-
-

8.4　经营分析会

在阿米巴经营模式下，"经营分析会"为什么不能称为"业绩报告会"。顾名思义，"报告"仅起到通告作用，目的是让相关人员，尤其是上级领导了解情况，更多的是为了明确责任。而"经营分析会"不仅需要通报业绩，更重要的是通过数据掌握经营实态，并不断进行改善，推动企业经营螺旋式上升，从而实现全员幸福与成长。

此外，经营分析会也不能称为"总结会"，因为总结侧重于对过去的复盘，而分析则立足于当下，展望未来。分析的重点在于发现亮点并将其固化，同时发现问题并及时改进。稻盛和夫先生最经典的两问——"你是怎么想的"和"你是怎么做的"，正是对思维方式与行动的深刻探讨。

思考与感悟

- _____

- _____

- _____

- _____

- _____

8.5 PDCA 循环

阿米巴数字化经营核算管理的核心思路是 PDCA 循环，包括年 PDCA 循环、月 PDCA 循环、周 PDCA 循环和日 PDCA 循环。通过 PDCA 循环，培养具有经营者意识的"人财"，最终实现全员参与经营。具体而言：

P（Plan）：即"预定"，需要融入领导者和团队的意志与想法，制定明确的目标和计划。

D（Do）：即"实行"，需要全体成员共同努力，执行预定计划。

C（Check）：即"检查分析"，针对实绩与预定目标进行对比分析，评估实际结果及其产生过程。

A（Action）：即"改善对策"，明确下个月及未来的工作方向和改善课题。

通过持续不断地运转 PDCA 循环，企业能够实现螺旋式上升的经营提升。在京瓷集团，PDCA 循环被运用到了极致，这也是国内许多企业实绩与目标达成比接近 100% 的重要原因，因为 PDCA 循环在每日被运用 3～4 次。

思考与感悟

- _____

- _____

- _____

- _____

- _____

8.6 人是资本，不是成本

在阿米巴经营模式下，人既不是成本，也不是费用，而是资本。资本的核心在于保值与增值，因此阿米巴经营模式强调以人为本、以心为本，致力于培养人、激励人，并最终成就人。这是一种以人事教育为核心的经营体系，采用大家族式的经营模式，让员工相互成就，最终实现企业整体价值的最大化，达成企业的使命。

"企"字由"人"和"止"组成，寓意人停止在一起，怀揣远大的梦想，带着"企图心"共同创造价值，才形成了企业。由此可见，人是企业的根本，是企业发展的核心动力。

思考与感悟

- _____

- 　　　　　　　　　　　　　　　　　　　　
- 　　　　　　　　　　　　　　　　　　　　
- 　　　　　　　　　　　　　　　　　　　　
- 　　　　　　　　　　　　　　　　　　　　

8.7　评价

　　在阿米巴经营模式下，对组织和个人的评估使用"评价"一词，而非"考核"。这是因为"评价"基于公平公正的原则，以人为本，关注团队的成长与进步。而"考核"则体现了管理与被管理的关系，是领导与被领导的关系，而非伙伴关系。阿米巴经营模式强调伙伴关系，倡导大家族主义经营，只有团队共同成长进步，企业才能实现价值最大化。

　　"考核"与"评价"在底层逻辑上存在显著区别。考核更多基于成果主义，而评价则基于实力主义的原则，不仅关注结果，还会对过程进行指导与指引。考核侧重于定量指标，评价包括定量指标与定性指标。

思考与感悟

- _____

- _____

- _____

- _____

- _____

第九章

阿米巴经营之最终目的

9.1 附加价值五分法

阿米巴经营模式的原理在于不断追求"销售最大化、费用最小化"。我们光明正大地追求利润，但创造的利润应如何分配呢？这是令许多企业家感到困惑的问题。稻盛和夫先生在 2015 年上海报告会上的演讲——"创造高收益"，详细阐述了高收益背后的分配方法，具体包括以下几个方面的内容。

（1）用于全员幸福：将部分利润用于提升员工的福利和幸福感。

（2）为国家缴纳税金：履行企业的社会义务，依法纳税。

（3）股东分红：为股东提供合理的投资回报。

（4）企业留存（蓄水池）：将部分利润留存用于企业的再发展。

（5）用于社会责任：设立爱心基金储备，既可用于解决企业内部员工的困难，也可用于社会捐赠。

通过这样的分配方式，企业既履行了社会义务（纳税），又承担了社会责任（公益基金），实现了内外兼顾，为基业长青奠定基础。一般来说，奖金可按照"结算收益"的 5%～30% 进行分配，具体比例需根据行业和企业的实际经营情况而定。

思考与感悟

- _____
- _____
- _____
- _____
- _____

9.2　成就人

阿米巴经营模式提倡团队合作，旨在最大限度地发挥全员的智慧与力量。正因如此，我们必须找到志同道合的伙伴共同奋斗。那么，如何才能选择到合适的伙伴呢？

要采用正确的方法，精心编写招聘要求清单，遴选具备合适技能与行为方式的人才，共同落实企业的使命。稻盛和夫先生反复强调，阿米巴经营模式是培养人、激励人、成就人的教育体系，鼓励创新，实行赋权式经营，让员工自由发挥，为伙伴创造发展机会，实现人人参与经营，以经营者的姿态关心企业发展，为企业做出贡献。

此外，要对员工进行客观、公平、公正的评价，让员工清楚地了解企业对其的期待。人力资源管理制度必须支撑阿米巴的运行，以发现人才，帮助员工完善职业发展规划，建立能够改变员工和企业命运的优秀团队。

思考与感悟

- _____
- _____
- _____
- _____
- _____

9.3　简单化

阿米巴经营模式采用分部门独立核算制度，旨在让每个人都参与经营。为了让不懂会计知识的人也能轻松理解，稻盛和夫先生对经营本质进行了深入探究，并设计出通俗易懂的"单位时间核算表"。该核算表以简洁的形式体现了经营的原则，即实现"销售最大化、费用最小化"，并通过两者之差的附加值最大化，使经营结果一目了然，如同家庭记账本一样简单易懂。

在培养阿米巴长的同时，阿米巴经营模式也在企业内部增加了关心经营、具备经营者意识的"人财"数量。凡事追求极简，这不仅有利于企业的发展，更有利于社会的进步。正如"穴居人"的比喻，阿米巴经营模式落地的目标是让每个人都能一听就懂，这正是我们所追求的目标！

思考与感悟

- _____

- _____

- _____

- _____

- _____

9.4 创造高收益

稻盛和夫先生在《京瓷哲学》中明确提出，企业若要保持高收益，其经营利润率应维持在 15% 以上。这一标准不仅是衡量企业财务健康的重要指标，更是企业持续发展的根本保障。创造高收益是企业经营的自然规律，也是企业肩负的重要使命。只有实现高收益，企业才能在激烈的市场竞争中立于不败之地，为未来发展奠定坚实基础。

创造高收益对企业而言具有深远的意义，主要体现在以下六个方面。

（1）强化企业的财务体质：高收益能够为企业积累充足的资金储备，增强抵御风险的能力，确保企业在经济波动中保持稳健运营。

（2）确保企业经营的长期稳定：通过创造高收益，企业能够在未来相当长的一段时间内维持稳定的经营状态，为可持续发展提供坚实保障。

（3）以高分红回报股东：高收益使企业有能力向股东提供丰厚的分红，增强股东对企业的信心，进一步巩固企业与股东之间的信任关系。

（4）通过提升股权回报股东：高收益能够推动企业股价上涨，从而通过资本增值的方式为股东创造更大的投资回报。

（5）增加事业发展的选项：充足的利润为企业提供了更多的发展机会，使其能够灵活选择新的业务领域或拓展现有业务，增强市场竞争力。

（6）通过企业并购实现多元化发展：高收益为企业提供了资金支持，使其能够通过并购等方式实现业务的多元化布局，降低单一业务的风险，提升整体抗风险能力。

如何创造高收益？这是每一位企业家都需要深入思考的问题。稻盛和夫先生为我们指明了三条关键路径：一是遵循经营的原理原则，即始终以正确的经营理念为指导；二是凝聚全员的力量，充分发挥团队协作的优势；三是不断创新，通过持续的技术革新和业务优化提升竞争力。稻盛和夫先生将京瓷集团高收益的标准设定为 20%，并以身作则，严于律己，为企业树立了榜样。

然而，以上方法仅仅是"术"的层面，能够帮助企业解决当下的问题。若要解决长远问题或预知未来，我们必须回归到"道"的层面。经营企业的核心在于探寻问题背后的"问题"，即真正的问题是什么？问题背后的根本原因是什么？我们不能仅仅停留在表面，而是要透过表面现象看本质，找到事物背后的深层逻辑。这才是企业家最为关心和需要深入思考的话题。

结合古人的智慧与我的老师麦克·罗奇格西的教导，我整理出了经营企业的 36 个制胜法宝（见第十章），供大家学习与探讨。这些法宝不仅能够帮助企业在经营中取得成功，更能引导我们在每日工作中用心感悟宇宙能量带来的指引。

思考与感悟

- _____

- _____

商业的盛道

- _____

- _____

- _____

阿米巴经营之商业制胜36 个法宝

10.1　问题意识

　　企业在经营过程中，不可避免地会遇到各种问题。事实上，问题本身就是通向解决方案的钥匙。解决问题时通常需要遵循以下五个步骤。

　　第一步，问题识别。问题源于现状与预期目标之间的差距。根据性质不同，问题可分为三类：恢复原状型、预防隐患型和追求理想型。

　　第二步，课题设定。在明确问题后，需要将其转化为具体的研究课题。

　　第三步，方案设计。针对既定课题，构思并列举多种可行的替代方案。

　　第四步，方案评估。对各个替代方案进行系统性分析和评估。

　　第五步，方案实施。选择最优方案并付诸执行。

　　在《京瓷哲学》第 15 条中，稻盛和夫先生强调探究事物的本质的重要性。那么，商业的本质究竟是什么？是单纯的盈利工具，还是教育载体，抑或是利他之途？普遍观点认为，商业的核心在于追求利润，这是一种直观且功利化的商人思维。然而，具有远见的企业家则深入思考：商业如何能够解决社会问题？正如马克·扎克伯格所言，难以想象一家无法解决社会问题的企业如何能够持续存在。松下幸之助先生则提出，商业的本质在于为社会培养人才，它如同一所学校。

基于这一理念，松下幸之助先生创立了"政经塾"，不仅致力于培养商业领袖，还为国家输送政治人才。正如稻盛和夫先生所倡导的"以人为本"的经营哲学，经营企业实质上就是经营人，而经营人则是经营人心。在当今时代，人心的价值已成为企业发展的关键红利。

最经典的佛家四句偈言道："一切有为法，如梦幻泡影，如露亦如电，应作如是观。"这寥寥数语中蕴含着"空性"这一大智慧。若将空性智慧运用于企业经营，便能减少诸多烦恼，以从容自在的心态面对经营，以喜悦之心投入事业。明白所经历的一切皆源于自身业力，持续精进修行，问题自然迎刃而解。

古老的智慧为经营企业指明了三大原则。

首要原则是盈利。企业经营必须实现盈利，这是商业活动的基本规律。

其次原则是善用财富。企业家应当注重身心健康，切莫以健康为代价换取财富。正如稻盛和夫先生所言："健全的精神寓于健康的体魄。"经营者需要保持健康的体魄和充沛的精力，以确保能够持续做出正确的决策。

最终原则是价值创造。当回顾过往时，企业家应当能够坦然地说，这些年的事业不仅具有价值与意义，更为社会发展做出了贡献。如此，方可谓不枉此生。

若一个人兼具慷慨、守戒、忍耐、博爱、精进、笃定、超脱这七大优秀品质，必将成为完美卓越之人。

思考与感悟

- _____
- _____
- _____
- _____
- _____

10.2   36 个法宝

稻盛和夫先生强调探究事物的本质的重要性。那么，商业问题背后的本质是什么？是什么原因导致了当前的困境？让我们借助古人的智慧进行深入剖析。

以企业业绩持续波动为例，其根本原因往往源于经营者的不当行为，如偷税漏税等。解决之道在于培养慷慨大方的意识，特别是要懂得与员工分享共同创造的财富。需要特别指出的是，解决该问题的关键在于分享的意愿而非金额的多寡。正如稻盛和夫先生所教导的："动机至善，私心了无。"经营者必须将这一理念付诸实践。

当前，我们正经历着怎样的商业环境？这是现状分析。深入探究事物背后的本质原因是什么？这正是古人的智慧给予我们的启示与解决方案。

（1）企业近期进行的投资项目表现不佳，如新购置的设备在短期内即面临技术过时的问题，导致企业整体运营效率持续低迷。在关键时期寻求外部支持时，却往往难以获得合作伙伴的实质性帮助，使企业难以摆脱困境。此外，在与外部企业进行深度业务合作时，对方频繁变更合作条款，甚至在背后采取不利于我方的行动，进一步加剧了企业的经营压力。

💝 在商业环境中，某些负面现象的根源往往源于人性中的嫉妒心理与幸灾乐祸倾向。这一心理机制不仅催生了不当竞争行为，更反映了当他人处于困境时表现出的非理性态度。具体表现为：当他人遭遇挫折时，部分人会暗自庆幸或产生优越感，这种现象在商业领域尤为普遍。

💝 专注于自身发展，通过创新思维和持续改进，打造具有独特竞争力的商业模式，使企业运营充满活力与创造力。同时，应当以开放的心态看待同行的成功，真诚地为他人取得的成就感到欣喜。在商业交往中，无论是对待同事、下属还是竞争对手，都应秉持尊重与善意的态度。正如商业格言所警示的："在顺境中善待他人，因为逆境时可能需要他们的支持。"

（2）作为企业管理者，当前面临领导权威弱化的困境，具体表现为组织内部执行力下降、决策贯彻不力等现象。

💗 导致这一管理困境的深层原因往往源于领导者自身的傲慢心理。

💗 首先，领导者应当放下身段，以平等、开放的态度对待每一位员工。其次，建立有效的沟通机制，通过定期与员工交流，深入了解他们的想法与需求。在这方面，稻盛和夫先生在京瓷集团的管理实践中提供了宝贵经验：他通过非正式交流活动等创新方式，营造了开放、互信的组织氛围，有效促进了管理者与员工之间的深度沟通。

（3）在商业领域，部分企业家面临着一种典型的心理困境：即便事业取得显著成就，企业运营状况良好，仍然无法从劳动成果中获得应有的满足感。

💗 这种心理困境的根源往往源于一种挑剔型人格特质，具体表现为：对他人劳动成果持过度批判态度，难以客观评价他人取得的成就；习惯性放大他人工作中的不足，忽视其付出的努力与取得的成绩；以完美主义标准要求他人，导致对现实结果产生持续不满。

💗 首先，应当摒弃攀比心理，建立独立的自我价值评判标准；其次，培养感恩意识，珍惜既有的成就与资源；再次，秉持务实态度，专注于自身发展路径的优化与提升；最后，培养知足常乐的心态，在追求进步的同时，学会欣赏当下的收获。

（4）企业内部冲突主要表现为以下三种类型：其一，员工之间因工作分配或绩效考核产生矛盾；其二，管理层内部在战略决策或资源分配上存在分歧；其三，员工与管理层之间因沟通不畅或利益诉求差异而产生对立。此外，在企业外部关系中，与股东及合作伙伴的协调也常常面临挑战，具体表现为战略方向分歧、利益分配争议或合作机制不畅等问题。

💗 企业内部冲突的深层原因往往与不当的沟通行为密切相关，具体表现为：其一，参与或传播具有挑拨性质的言论，无论其真实性如何；其二，以破坏他人关系为目的的言语行为，无论采取直接或间接方式；其三，缺乏对言论后果的预见性，忽视不当言论对组织氛围的破坏性影响。

💎 构建和谐组织氛围的关键在于采取以下积极措施：首先，培养正向沟通习惯，多给予他人真诚的赞美与肯定；其次，主动促进团队成员间的理解与合作，充当关系协调者的角色；最后，从自身做起，通过持续改进个人行为来影响组织文化。

（5）在企业管理实践中，决策者在经营决策上越来越优柔寡断。

💗 其一，忽视了与内部利益相关者（包括员工和管理层）建立良性互动关系的重要性，导致决策支持度不足；其二，在外部商业交往中（如客户和供应商关系处理）存在过度包装或夸大事实的行为，影响了决策的公信力。

💎 在激烈的商业竞争中，企业应当遵循"坦诚经营、正直守信"的原则，具体表现为：以纯粹之心看待商业关系，以感恩之心对待合作伙伴，以诚信之心履行承诺。

（6）企业并购融资困难。

❤️ 往往与经营者的资源分配理念密切相关。具体表现为：在利益分配上过于保守，缺乏与利益相关者共享发展成果的意识；在资源投入上过度谨慎，错失建立战略联盟的机会。

💎 首先，建立开放共享的合作机制，通过利益共享吸引优质资源；其次，构建互利共赢的伙伴关系，共同开拓新市场、开发新技术。从历史经验来看，本杰明·富兰克林通过创立"商会"组织，将竞争对手转化为合作伙伴，开创了行业协作的新模式。同样，稻盛和夫先生创立"盛和塾"，为企业家搭建了知识共享与智慧碰撞的平台。这些成功案例都印证了"分享创造价值"的经营理念。具体到企业创新，可以借鉴稻盛和夫先生提出的"四种创造"理论：通过创造新需求、创造（开拓）新市场、创造（研发）新技术、创造（开发）新产品，实现企业的可持续发展。

（7）在当前企业经营环境中，不可抗力因素（如突发公共卫生事件、极端天气、自然灾害等）对商业运营构成了显著挑战。这些外部环境变化不仅影响了供应链的稳定性，也对市场需求和消费行为产生了深远影响。

💙 企业过往存在诚信缺失的问题。

🩷 第一，坚持诚信经营，建立长期可信赖的企业形象；第二，完善风险管理体系，提升应对突发事件的韧性；第三，培养战略远见，善于在危机中发现新的发展机遇。通过系统性提升企业应对能力，将外部挑战转化为内部发展的动力，实现企业的可持续发展。

（8）在企业经营实践中，管理者面临复杂商业决策时常常出现注意力分散与职业操守下滑的现象。具体表现为：在关键决策过程中难以保持专注，导致决策质量下降；在长期商业实践中逐渐偏离职业伦理规范，出现诚信度降低的情况。

💙 首先，管理者缺乏对经营本质的深入思考，未能建立清晰的企业价值理念；其次，在战略决策中忽视系统性思维，导致行动缺乏优先次序与逻辑性；再次，过度关注短期利益而忽视了企业可持续发展的核心要素；最后，对商业运作规律存在认知偏差，未能把握企业经营与外部环境的动态平衡关系。

🩷 每日静思十分钟，思考人生真谛、人生规划、宇宙运行规律及当前亟须解决的关键问题。通过审视自身生活，检视注意力是否集中于有意义、有价值的事务。当下发生的一切皆是过往潜意识行为与意念显化的结果。例如，若今日丧失廉洁，实为长期忽视廉洁价值所致。简言之，秉持"商业与廉洁无关"的理念，终将面对廉洁缺失的后果。最严重的危机莫过于曾经助你成功的潜能本身。这是一种循环：若无法理解事业与生活的成功根源，将继续陷入"误解"的循环。每个时代与地域中，真正推动并影响世界的伟人，必定反复审视伴随其成长的每个信念。

既然你已在商业领域投入大量时间，就应当花些时间深入思考商业运作的本质。若能真正理解生意成功或失败的根本原因，便能节省诸多宝贵时间。无论是个人成功还是商业成功，皆为"果"——而一切"果"皆有其"因"。重复相同的"因"，必将得到相同的"果"。如果你的经商方法未能持续带来预期的"果"，则说明你尚未找到正确的"因"。若你并不清楚导致这一结果的根本原因，却仍继续尝试那些明知无法总让你如愿以偿的方法，久而久之，自然会心生懈怠。因此，未能取得成功，也就无须感到意外。

（9）未能全面掌握宏观商业概念、市场模式及整体运作流程等动态体系。

💝 未能实时关注重大事件背后的真正原因，正如稻盛和夫先生所言，缺乏探究事物本质的好奇心与探索精神。

💎 要理解自己的生意为何如此运作（或为何不运作），我们不能忽视"世界为何如此运作"这一根本问题。没有事情是偶然发生的，我们必须对自己的人生负责，而不应归咎于他人。我们的境遇并非由外界决定，而是完全取决于我们如何对待周围的人。正如"爱人者人恒爱之"这一道德法则，如同地心引力法则一般明确、可靠、无可否认且无一例外。每隔几天，花几个小时反省，思考整个世界及万事万物的根源。这种自省将奇迹般地帮助我们以宏观视角领悟更大的市场与商业运作模式，从而成为一个更加成功的人。

（10）租金过高，导致难以找到适合新业务发展的办公场所。

💗 当他人需要寻找落脚点时，我们未能积极提供帮助。

💎 为需要住所的人提供帮助，协助他人找到合适的住所，并在这一过程中持续思考因果法则，将其深植于潜意识之中。如此，便能在潜意识中种下强大的善因，待其开花结果时，我们便能心想事成。

（11）在经营企业的过程中，你总感到那些声誉卓著的企业或才华出众的个人似乎不太愿意与你合作。

💗 你选择合作伙伴或录用员工时，过于侧重资源而非人格。例如，更关注合作伙伴的资金实力或员工的能力，而忽视了企业的品质或个人的品行。

💎 稻盛和夫先生的成功方程式深刻诠释了这一道理：人生·工作的结果 ＝ 思维方式 × 热情 × 能力。要实现美好的人生，必须秉持正确的思维方式，即以利他思维为首要原则。在日常合作中，缺乏正义感的人或合作伙伴会破坏生意，而正直、富有正义感的合作伙伴则有助于事业发展，并带来丰厚的财富。在此，我们必须清晰区分强硬但诚实的商务谈判与欺诈不实的商务谈判。财富的创造源于诚信这一优良品质。

（12）在正面交锋中，竞争对手表现得残酷无情，似乎总是占据上风。

💗 伤害他人的言语是导致这一结果的主要原因。恶语分为两类：一类是直白刺耳的话语，另一类则是口蜜腹剑的虚伪言辞。

💎 若能培养有意注意的能力，避免因不当言辞对他人造成伤害，并充分意识到这一行为对减少负面影响的积极作用，便能在激烈的竞争中占据优势地位。

（13）你精心设计了一个重要项目，周密规划每个细节，并全力以赴地筹备与推动，但最终却以失败告终。

💗 这是因为你并未真正理解事物运作的本质。需要明确的是，导致工作失误的原因不仅在于你对相关法则的认知不足，更在于你在项目执行过程中秉持着对事物运行机制的错误理解。

💎 若你能以理性思维与清晰的认知状态实施项目，将显著提升成功的可能性。正如稻盛和夫先生所提出的"心想事成"法则所述，实现目标的关键在于通过深思熟虑，直至脑海中浮现出成功时的生动画面。

（14）企业财务状况持续波动，处于不稳定的状态。

💗 请谨记保持慷慨大方的态度，尤其是对帮助自己的团队，更应如此。

♦ 企业应当建立合理的利益分配机制，将经营成果与为企业创造价值的员工共享，同时坚决杜绝通过不正当手段获取利益。需要明确的是，影响企业财务稳定性的关键因素并非利益分配的具体数额，而在于企业是否具备与员工共享发展成果的意愿——即使分享的数额有限。

（15）你发现自己情绪失控，对员工、供应商、客户乃至日常事务表现出过度反应，这往往折射出深层次的心理状态。

💗 这种现象往往源于对他人遭遇麻烦或陷入困境的不良期望。

当我们仔细思考不难发现，生活中的麻烦、事业和家庭上的困扰是我们所有人共同面对的课题。

♦ 若我们希望在任何领域、每个层面都取得成功，就必须努力消除各种形式的苦恼与意识层面的不悦，甚至包括在职位晋升、市场份额竞争中产生的不悦。

（16）市场处于一片混乱之中，起伏不定，毫无逻辑或规律可循。

💗 这种混乱无序的局面同样是混沌意识的结果。

♦ 任何不良局面都会对置身其中的人造成不悦，而我们必须达到一种境界，为所有人祈福，包括你的竞争对手。这一行为将创造一个稳定的市场——经济持续增长，让每位市场参与者的收益超出预期。它推翻了"资源有限"或"只有特定人群能在特定时期致富"的观点，转而创造"为公众带来广泛财富来源"的感知。我们必须以长远的眼光，致力于创造更丰富的财富，切勿将自己和未来局限于现状之中。

（17）工作中出现了腐败问题。

❤ 腐败现象并非偶然发生，而是源于我们在细微之处的不诚实行为。

💎 解决这一现象的方法直接而简单：你必须检视自己与下属共事的方式，审视是否存在不诚实或腐败的行为。若想杜绝社会中的腐败现象，我们必须首先停止自己内心的腐败，哪怕是在最微小的方面。要以谨慎的态度诚实对待同事与家人，绝不要求他人为你做出不诚实的举动——即使这个举动看似微不足道。

（18）在企业运作多年、业务蒸蒸日上之际，你发现自己的健康状况开始出现问题，且有持续恶化的趋势。

❤ 忽视了自身的健康问题，或工作环境不佳。

💎 针对这一问题，有一个具体且成效显著的解决方案：以全新的视角审视你的企业。

（19）传统市场战略在当前环境中的失效，实则揭示了更深层次的商业规律。

❤ 需要明确的是，商业战略本身的效能并未发生根本性改变：某些战略可能具有长期持续性，有些则呈现短期效应，而另一些则完全无效。在特定情境下，战略调整是必要的，但在某些情况下，保持战略定力反而能够创造更大价值。

💗 实践表明，在客户关系管理中，即使面对订单延迟等问题，只要始终坚持诚信原则，杜绝任何形式的虚假陈述或夸大其词，传统商业策略仍然能够发挥其应有的效用。

（20）在商业环境持续波动的背景下，企业家出现情绪低落、意志消沉与自我怀疑的心理状态，实则反映了深层次的认知转变。这种状态往往伴随着商业敏锐度的降低，特别是在全球经济低迷时期，面对快速变化的商业环境，表现出反应迟缓与创新意识缺失。从认知科学的角度分析，这种现象与个体的思维逻辑能力密切相关。

❤️ 卓越的思维能力并非源于先天因素或后天训练，而是通过践行"因果法则"所获得的一种认知能力。这种能力要求我们：在他人实现目标时保持平和，在他人遭遇挫折时避免幸灾乐祸。

💎 实践表明，解决问题的关键在于建立正确的认知框架。

①建立"世界源于认知"的基本信念，尊重自然规律，培养同理心。

②在面对他人，特别是竞争对手的成功时，培养真诚的赞赏态度。

③对任何出色的成就都应给予由衷赞赏。

从生命哲学的视角来看，人生短暂而珍贵。无论是自身还是竞争对手，终将随时间消逝。因此，与其因他人的成功而郁郁寡欢，不如把握机会，培养积极正向的情绪。通过为他人或大或小的成功感到喜悦，用自信取代自我怀疑，用快乐驱散抑郁。这种积极的生活态度，远比因他人的成就而陷入消极情绪更有价值，也更有利于个人的身心健康与事业发展。

（21）当你的言论，无论面向同事、管理者还是商业合作伙伴，都难以获得应有的信任时，这往往揭示了更深层次的问题。

💖 需要明确的是，他人对你的不信任感并非源自你当前的正直表现——因为正直行为本身不可能导致诚信质疑。确切而言，这种信任缺失植根于你过往的不诚信记录，即便这些行为在当时看来微不足道。

💗 解决信任危机的关键在于建立严格的言语准确性标准。从本质上讲，谎言的定义是：你的陈述使他人对某一事物形成的认知，与你自身的认知存在差异。因此，诚实意味着确保你的言辞能够准确传递你内心的真实认知，使听者形成与你完全一致的印象。这一标准远比常规理解的诚实更为严苛，但坚持实践将带来显著成效：通过持续保持这种高标准的诚实度，你不仅能够重建个人信誉，更能在组织内部乃至整个行业赢得广泛信任。这种信任不仅能带来精神层面的满足，更能转化为切实的商业价值。

（22）当你在各类合作项目中屡屡受挫——无论是团队协作、商业合伙，还是企业并购——这往往揭示了更深层次的沟通与信任问题。

♥ 在解决此类问题时，你无须将相关人员召集至同一场所，竭力说服他们达成共识。相反，你应当以谨慎的态度和真诚的内心行事。关键在于时刻关注自身表达方式，确保听众对你所描述的事物或事件产生与自身完全一致的理解。正如古语所言："真理双脚立，谎言单腿站。"内在的完全诚实，尤其是对自身的彻底坦诚，能使你的意识保持平静，并在潜意识中植入坚实的印记；当这些印记日后浮现至意识层面时，你将体验到团结与和谐，从而在任何合作中取得成功。

◆ 以全然坦诚的态度面对自我，注重表达方式的精准性，确保言语传递的信息能被他人准确接收，并与自身意图完全一致——这便是真正的诚实语。这也解释了为何需要因材施教、采取灵活多变的交流方法。

（23）在商海浮沉中，尔虞我诈、互相欺骗的现象时有发生。

♥ 你能始终秉持正直坦率的原则从事所有交易，便能有效避免此类不良状况的发生。随着时间的推移，你将发现遇到的欺诈者越来越少——因为每一个试图欺骗你的人，其实都是你过去未能全然真诚待人所导致的结果。

💗 正如古训所言："诚信经营，百术不如一诚。"这句话揭示了诚信在商业活动中的核心价值，它不仅是企业经营的基石，更是建立长期合作关系的关键所在。

（24）面对经常性的不当言辞，处理之道在于自我情绪管理。

💗 每当愤怒情绪涌现时，你应当以审慎的态度加以控制，从而有效避免这一特定问题的发生。若要从这种冲突中解脱，首先需要你单方面终止对抗行为。

💗 具体而言，你只需做到：停止任何形式的攻击性言语，避免做出冒犯性的行为，保持冷静和专业的态度，专注于工作任务本身，以建设性的方式处理分歧。通过采取这些措施，你将发现：工作氛围逐渐变得和谐融洽，日常工作成为一种愉快的体验，工作效能和产出显著提升，阻碍企业发展的负面因素自然消除。

（25）在商界打拼多年后，你可能会发现自己的容貌逐渐衰老。

💗 虽然将这一问题归为商业问题看似不合常理，但解决这一问题的关键却出人意料且十分有效：你应当持续关注自身心理状态，留意是否对他人产生了细微的负面情绪。

💎 如果你想真正成为避免愤怒的"专家"，就必须先成为不因任何事物而心烦意乱的"专家"。也就是说，避免愤怒本身，得先避免愤怒的前奏，即你的情绪因某些事件而失衡。长期持续地避免愤怒，不仅会使你眼中的他人更具吸引力，也会让他人眼中的你更具魅力。这一方法不仅有助于保持外在的年轻，更能提升内在的平和与智慧。

（26）无论你的工作表现多么出色，周围的人却总是对你提出批评。

💗 忽视他人感受的行为会在潜意识中积累，最终以批评和责难的形式反馈到自己身上。

💎 关注他人的感受，调整自己的言行，才是化解这一问题的根本之道。

换句话说，在说话或行动之前，需谨慎思考你的言行可能对他人造成怎样的影响，并注重他人的感受。当你谨言慎行时，不仅能够为自己创造一个更加和谐的工作环境，也能为身边的人带来健康而积极的影响。

（27）你交给下级部门执行的项目，从未被妥善完成。

💗 这一问题的根源或许在于团队协作的不足，而非单纯的能力问题。如果你能够特别用心地协助企业其他人员完成工作，这一问题就能轻松避免。这种行为的效果非常显著：短期内，你会发现交代给下属的所有任务都能在不超预算的情况下按时完成且质量超出预期。

💎 积极协助他人完成工作任务，即便需要牺牲自己的资源和时间，这一问题也能得到解决。

（28）你实施的商业项目起初进展顺利，但到了后期却遭遇挫折，结果令人失望。

❤️ 要解决这一问题，关键在于培养感恩的心态。感恩不仅能增强你与团队成员之间的联系，还能为项目的顺利进行注入积极的能量。当你以感恩的心态面对工作和生活时，你会发现，许多原本看似难以克服的困难都会迎刃而解。

💎 如果你希望项目能持续顺利地推进，就必须真心实意地向身边所有支持鼓励你的人表达诚挚的谢意。这不仅需要行为上的感谢，发自内心的感激同样重要。

（29）在工作中，你经常置身于不愉快的环境中。

❤️ 这一问题的根源，可能在于企业或部门内部存在某些形式或程度的不正当行为。这些行为不仅损害员工士气，还会破坏整体工作氛围。

💎 亲自巡视你的企业或部门，实地了解是否存在任何形式、任何程度的不正当行为，并彻底清除这些现象。一个健康的工作环境是高效团队和成功项目的基石。通过清除不正当行为，你不仅能为员工创造一个更加舒适的工作空间，还能为企业的长期发展奠定坚实的基础。不妨从今天开始，用实际行动去改善你的工作环境，见证其中的积极变化。

（30）你的员工不可信赖。你交代一项工作，却从不放心他们会完成。你不得不安排三个人分别执行其中一项任务，以确保工作圆满完成。你事必躬亲、事无巨细——这样的工作方式既耗费精力又缺乏效率。

💗 对员工缺乏信任。

💎 建立透明且开放的沟通环境。通过清晰的沟通和明确的期望，你可以帮助员工更好地理解任务的目标和要求，从而增强他们的责任感和执行力。同时，给予员工适当的自主权和信任，鼓励他们主动承担责任，也会显著提升他们的可信度和工作效率。信任是双向的。只有当你展现出对员工的信任时，他们才会更加努力地回报这份信任。通过培养信任感和建立开放的沟通环境，你不仅能减轻自己的工作负担，还能打造一个更加高效和协作的团队。

（31）在经济独立性方面存在局限性的个体，往往难以自主决策——特别是在未征询他人意见的情况下，无法合理安排自己的工作。

💗 在未获得相关部门或主管正式授权的情况下，不得擅自调用他人资源；同时，在职责权限范围内，当面对合理的资源需求时，应当积极调配可支配资源。为实现组织的共同目标，建立跨部门资源共享机制是管理者应当重视的关键管理策略。

💎 实现这一目标的关键在于建立个人资源与组织成员之间的共享机制。个体需要通过渐进式的方式适应并内化这一理念。从本质上看，宇宙中的资源均遵循守恒定律，不存在凭空产生的可能。个人所达到的独立程度，本质上是一种基于主观认知的体验，这种体验源于个体在积极、自觉的状态下，通过与他人分享资源所建立的良性互动模式，并最终转化为可感知的现实。

（32）在商业活动实践中，管理者需要认识到利益相关方（包括客户、供应商及员工）可能存在信息不对称或行为偏差的风险。

💗 在商界，信息可信度的不确定性往往导致管理者陷入困境。为有效规避信息误导风险，可采取以下两项关键策略：第一个策略是，要建立自我觉察机制，有效识别并控制傲慢情绪。尽管商界精英普遍具备卓越的才能与智慧，但傲慢情绪的控制往往成为其发展的瓶颈。需要特别指出的是，傲慢情绪的主要危害不仅在于影响人际关系，更在于阻碍个人的职业发展。具备谦逊品质的管理者能够更好地倾听各层级员工的建议，以从中汲取成功经验，从而获得更丰富的管理资源。

第二个策略是，管理者应当避免陷入过度追求外部认可的误区。无论是商业领域还是个人发展，成熟的标志在于超越对他人赞许的依赖，转而基于自身价值判断，在能力范围内践行应尽之责。值得注意的是，卓越的管理者往往展现出独立于外部认可的专业素养。在组织管理中，称职的领导者应当具备识别并肯定他人价值的能力。这种能力不仅体现为一种战略思维，更反映了管理者对组织环境的深刻洞察：他们能够敏锐地识别团队成员的贡献，并给予恰当的认可与激励。这种认可并非单纯基于激励理论，而是源于对每位员工在组织发展中独特价值的深刻理解——无论其职位高低，即便是基层操作人员或行政支持岗位，都在组织成功中扮演着不可或缺的角色。

- 转变管理思维，从寻求外部认可转向主动识别并赞赏他人的价值，这一转变能够显著降低利益相关方（包括客户、供应商及员工）的信息误导行为。需要明确的是，这种赞赏行为应当建立在客观评估的基础上，而非形式化的溢美之词。

从组织管理的角度来看，无论企业规模大小，核心员工的价值往往被低估。这些长期默默奉献的员工构成了企业运营的中坚力量，其贡献却常常因为持续性而被管理者忽视。这种现象在管理学中被称为"适应性偏差"——我们倾向于低估持续存在的积极因素。这种认知偏差不仅存在于职场中，也普遍反映在个人生活中。例如，对伴侣的付出往往缺乏应有的认可与回馈。管理者需要建立系统化的员工价值评估机制，确保核心贡献者获得应有的认可与激励。这不仅是组织发展的需要，更是建立良性管理文化的重要基础。

（33）在组织环境中，当管理者的专业建议持续遭遇忽视或不当评价时，可能导致其自我效能感显著降低。这种情形往往表现为：个体从原先的自信状态逐渐转变为自我怀疑。

具体而言，若企业内部无人尊重你的言论，且你所提出的每个建议都被忽略或被视为可笑，这种持续的负面反馈会严重削弱你的自信心。曾经自信满满的状态逐渐消逝，取而代之的是深深的自我怀疑。此外，这种心理压力可能进一步影响你的生活质量，使你无法好好休息，也不知道如何放松。

综上所述，组织环境中对管理者专业建议的忽视或不当评价，不仅会导致其自我效能感降低，还可能引发一系列心理和生活问题。因此，建立尊重与支持的组织文化，对于维护管理者的心理健康和工作效能至关重要。

- 个体在时间管理和兴趣选择上的倾向，可能对其工作效率和生活质量产生显著影响。具体而言，若一个人习惯将大量时间用于关注无实质性意义的内容，可能导致其在职业和个人生活中难以实现有效成长。

- 根治上述问题的有效方法之一是静默。通过减少无意义的言语表达，增加静思和内省的时间，个体能够更清晰地洞察商业态势和发展方向。例如，在商业会议中，许多与会者习惯于天花乱坠地提出各种宏伟计划，却从未真正付诸实践。这种现象在企业制订年度计划时尤为明显：会议往往持续数小时，与会者口若悬河地提出那些明知无法实施的空头方案。这种缺乏实质内容的讨论不仅浪费时间和资源，还会削弱团队的执行力和信任感。

（34）您面临着难以"把握时机"的重大挑战。在市场行情上扬时果断进入，却遭遇随后的行情下跌；在市场繁荣兴盛之际选择中途撤资，而后续市场仍持续兴旺。当您推出新产品时，往往恰逢竞争对手同期推出品质略胜一筹的产品，形成难分伯仲的竞争局面。更令人困扰的是，您向主要供货商下达的订单，恰恰在该厂家提价后的几天才送达。

💗 这一问题的根源在于，您将宝贵的资源、人力与精力过度消耗于无谓的讨论中，并热衷于规划那些最终未能付诸实施的计划。这种决策与执行的脱节，不仅削弱了行动的有效性，也错失了把握时机的关键窗口。

💎 您必须恪守言行一致的原则，确保所言必行。这不仅有助于提升决策的可靠性，更能增强行动的有效性，从而避免资源与精力的无谓消耗。

（35）企业内部频繁出现员工之间的纷争。企业内部个人之间的微小冲突，往往会对整体运营效率产生深远影响。在员工彼此支持、相互鼓励的部门中，团队几乎能够实现自主运作；而员工之间争吵不断、充满敌意的部门，不仅难以创造利润，还会营造一种令人身心俱疲的工作氛围。团结协作与共同努力能够为员工注入动力，并成为团队凝聚力的重要纽带。

- 💗 企业内部的纷争——无论是您与某位同事之间的冲突，还是其他人之间的争执，往往源于恶意挑拨或流言蜚语所植入的负面印象。当事人双方原本可能是朋友、对手，甚至是互不熟悉的同事，却因您对其中一方或双方的非议，导致彼此关系逐渐疏远。

- 💎 为解决这一问题，您必须随时随地致力于帮助他人修复关系，哪怕是在细微之处。除了持续协调沟通、促进员工之间的和谐，还需特别警惕对企业内部的任何个体产生恶意念头。例如，当您听闻某位主管陷入困境，甚至这一困境可能波及企业其他成员（包括您自己）时，仍可能不自觉地感到一丝窃喜。正是这种想法潜藏于潜意识中，随后不断积聚能量，最终浮现在意识层面的负面印记，构成了您"目睹周围人争执不休"的感知。他们彼此争吵，他们与您争论，您因他们的困境而幸灾乐祸，这种心态又会在您的意识中植入新的印记，使您再次目睹类似的纷争。几乎每一个您在意识中植入的负面印记，都会迫使您再次经历那些（因最初的负面印记而错误地）试图避免的事情。

（36）如果您发现自己身处一个鄙视正直的环境中，必须认识到，周围环境的腐败堕落无法仅通过外在手段避免。换句话说，即使您改变了外在环境，也可能无法摆脱周围人无视伦理道德的局面。切勿试图从当前企业向外寻求一个更加公正的环境：您必须从自身出发，严格规范自己的行为，以正直背后的强大逻辑培养诚实正直的人格，进而静待所在企业的转变。企业的改变源于您的新行为，而非逃离恶劣环境——后者永远无法真正解决问题。深入思考后不难发现：当您无法获得任何权威理应提供的帮助与保护时，这意味着您所处世界的基本秩序已陷入混乱与瓦解。或许，生活中没有比自身权益受到侵害却无法获得正义补偿更令人沮丧的事情了。

💗 这种特定的感知与事实，有其具体的原因：您拒绝承认事物的内在秩序，即事物运作的真实规律。每当您以恶意伤害他人，却期望获得善意回报时，便是在藐视"种善因，得善果"这一基本准则。例如，您撒了几个小谎（负面原因），却希望交易能够顺利达成（令人满意的结果）；您不如实报税（负面原因），却希望为自己留下更多金钱（令人满意的结果）；您设法逃避支付进口关税（负面原因），以求降低商品价格并提升竞争力（令人满意的结果）。必须明确的是，从行为的内在逻辑而言，一个正面的结果（个人与事业的成功）不可能源自一个负面的原因（伤害或欺骗他人）。换句话说，期望"种恶因，得善果"无异于痴人说梦。每当您产生这种错误的想法，每当您（直接或间接地）否认万物的自然秩序时，便会迫使自己经历外在社会秩序的颠倒；也就是说，即使您"有理"，法院或您的上司仍然会站在您的对立面。

💎 解决这一问题的方法其实非常简单：您需要投入时间，耐心地理解此处提出的新概念，以及"您的现实世界源于您的正直（或不正直）"这一核心理念。同时，我们必须克服文化惰性，这种惰性使我们拒绝思考整个世界的运作方式及其中恶劣现象的根源，从而将自己置于危险之中。在商业领域，当两名商人采取几乎完全相同的行动时，为何会出现一家欢喜一家愁的局面？负面结果必然源自负面行为，您必须深入理解导致负面结果的原因与过程。

思考与感悟

- _____

- _____

- _____

- _____

- _____

第十一章

阿米巴经营模式导入之问答

阿米巴经营模式导入步骤如图 11-1 所示。

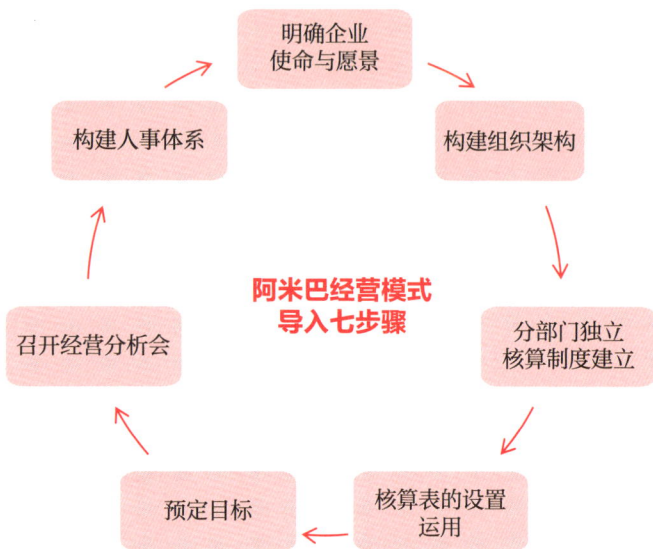

图 11-1　阿米巴经营模式导入步骤

11.1　企业文化梳理

文化是企业发展的根基，因此在创立企业时，必须深入思考经营的目的与意义：为谁而做？为何而做？如何实现？期望达成怎样的成果？以何种方式推进？由谁来执行？这一系列核心问题需先行厘清，而后方可付诸实践。

使命是指从事某一事业的深层原因与意义。一旦使命明确，就应以毕生之力去践行。

愿景是指事业成功时的未来图景。它需要被清晰描绘，正如稻盛和夫先生所倡导的，要以生动的彩色画面呈现出来，使其成为团队共同追求的目标与动力。

价值观是指我们为实现使命与愿景所秉持的思维方式、行为准则及方法论。企业文化由使命、愿景与价值观这三大核心要素构成，我们需要厘清三者之间的内在联系。首先，明确自己为何必须从事这一事业或工作；其次，思考希望将这份事业或工作塑造成怎样的图景；最后，确定以何种方式实现这一目标。这一逻辑链条的清晰梳理，是企业文化建设的基石。

（1）问：为什么需要进行企业核心文化的梳理？

答： 经营企业首先必须明确事业的目的与意义，解决"企业为何而干，为谁而干"的核心问题。

经营企业的目的是什么？这不仅是经营者需要深入思考的课题，更是必须付诸实践的关键。如何让全体员工产生共鸣，并点燃他们为之奋斗终身的激情？《经营十二条》中的第一条——"明确事业的目的和意义"至关重要。稻盛和夫先生的得力助手大田嘉仁曾指出，这一条的分值超过90分。使命是企业存在的唯一理由，也是员工留在企业的唯一理由。

企业应确立明确的社会使命，超越单纯追求经济利益的局限，将社会问题纳入自身的使命与价值观，并通过业务与行动推动社会的积极变革。这一理念与稻盛和夫先生的教导不谋而合。

（2）问：哲学手册／文化手册什么时候做合适？

答：许多刚加入盛和塾的企业，往往急于着手制作企业的哲学手册，耗费大量精力完成后，却发现这些手册最终被束之高阁，甚至连经营者自己也很少翻阅。还有一些塾生企业，直接将《京瓷哲学》的 78 条稍作修改，便作为自身企业的哲学手册。然而，随着时间的推移，他们发现这些内容并非真正适合自己的企业，而仅仅成了装点门面的宣传资料。

何时开始制作哲学手册？何时是最合适的时机？这需要根据企业自身的发展阶段、行业属性及员工状态等综合考量，绝不能停留在形式主义的表面工程上。

如果企业上下对稻盛和夫先生的经营理念已深入理解并实践多年，具备了一定的基础，可以着手组织哲学小组，开始系统梳理。但需特别注意，应以稻盛和夫先生的经营理念为引导，结合企业自身的特点，提炼出真正被员工认同的哲学手册。切忌照搬照抄，因为京瓷集团的文化未必是最适合自身企业的文化。

如果企业刚刚接触稻盛和夫先生的经营理念与哲学，建议不要急于制作哲学手册，应经过一段时间的深入学习与实践，将知识转化为见识，再进一步升华为行动的胆识。这一中间阶段，正是制作哲学手册的最佳时机。

尽管哲学手册可以暂缓制作，但无论企业处于何种发展阶段，都必须先梳理出核心文化，即使命、愿景与价值观。

这是企业文化的基石，也是后续哲学手册提炼的重要依据。

（3）价值观如何评价？

答：文化落地必须依靠强有力的制度来保障。京瓷集团每季度会进行一次价值观评价。结合我国现状，我们建议企业每月进行一次价值观评价。其原因有二：其一，京瓷集团拥有 60 多年的发展历史，文化根基深厚；其二，转变一个人的思维方式是最为困难的，需要持续不断的努力。如果每三个月才评价一次，许多人可能早已偏离了既定方向。

在评价方法上，京瓷集团采用双重评价法，即由直接领导与上级领导双重确认，对员工进行客观、公平、公正的评价，以促进其成长与进步。在实际操作中，我总结的方法是：首先让员工进行自评，因为每个人都可能缺乏正确的自我认知；其次由直接领导评价；最后提交上级领导复核。

对于自评分数可能偏高的现象，我的处理方法是：为自评、直接领导评价与上级领导评价分别赋予不同的权重，以确保评价结果的客观性与公正性，具体示例如表 11-1 所示。

表 11-1　员工评分的计算示例

姓名	项目	自评得分	直接领导评价得分	上级领导评价得分	最终得分
李一	权重	15%	45%	40%	$80 \times 15\% + 55 \times 45\% + 58 \times 40\% = 59.95$（分）
	分值	80 分	55 分	58 分	

特别需要注意的是，价值观评价打分制仅仅是完成评价的第一步，而最为关键的环节是打分结束后的面谈工作。首先，上级领导与直接领导需就每位下属的评分达成共识，确保双方意见一致。随后，由直接领导负责与员工进行面谈，根据其上月的表现，肯定其优点或成绩，同时指出需要改进的方面。面谈应以真诚与关爱为基础进行交流，从而实现思想的统一与共识的达成。

或许有人会担忧：如果价值观评价接近及格线，是否意味着变相扣减工资？稻盛和夫先生在一次采访时曾谈及这一问题，并坦言为自己打 60 分。试想，当我们认真对待价值观评价时，又能得多少分？实际上，得分高低并非关键，重要的是通过价值观的行为化引导，我们是否实现了持续的进步。

在实际操作中，为了让员工欣然接受评价机制，我们会在薪酬设计中将与价值观对应的部分工资作为奖励或额外补贴发放给员工，随后再进行认真、客观的评价，并将其与薪酬挂钩，具体示例如表 11-2 所示。

表 11-2　价值观评价表示例

分值	马斯洛的需求层次（关键词）	修身（个人）	齐家（团队或家庭）	治企（客户、行业）	利天下（世人、社会）
100分	自我实现需求	生命觉醒、人生中有创造、接纳一切、遵循规律、解决问题的能力、纯粹利他	让员工自豪、让家人骄傲、让他人仰慕	回首往事，感恩自己所从事的事业是非常有价值、有意义的。成为客户离不开、行业依赖的标杆企业	企业是社会的公器，通过经营企业稳定一方，让世人幸福，让社会繁荣昌盛，为推动人类的发展进步做出贡献
75分	审美需求	对世界的美的追求	不断提升团队和家庭的审美观，让团队和家人知道什么是美，孜孜不倦地追求美好的事物，让人生更美好	没有最好，只有更好。求不满足，时刻站在客户的角度来审视自己的产品与服务，追求美好的生活是永恒的主题	优化行业产业结构，用爱、真诚、和谐之心创造美好的产品与服务，让世界更美好
60分	求知需求	保持好奇心、不断地学习新知识、提升自己的认知度	关爱团队及家人的成长进步，营造学习氛围，对知识有渴求欲	不断研究新技术、新产品，对于先进的东西潜心学习琢磨，并运用到产品生产中或服务上	探索行业的机遇，不断引领产业升级迭代，顺势中成潮流而为

（续表）

分值	马斯诺的需求层次（关键词）	修身（个人）	齐家（团队或家庭）	治企（客户、行业）	利天下（世人、社会）
45分	尊重需求	有自信、尊重自己，对他人尊重，被周围人尊重	重视伙伴及家庭关系，让每个人都感觉能够轻松融入进来	尊重客户、尊重企业	能够引领行业发展进步，影响行业具有话语权
30分	社交需求	有归属感，以从事工作或该行业为荣，能够融入该组织并被认可	营造和谐的氛围，包容宽厚、公平公正，积极传递正能量	为增强客户的参与感，所有的产品研发和服务提升均深入现场，积极倾听客户的心声和反馈	成为头部企业，参与行业产品研究及方向探讨
15分	安全需求	工作稳定、收入越来越高	物质有保障，精神喜悦，拥有幸福感	让客户信任、产品品质有保障	按章纳税，不断创新，使企业持续成长
0分	生理需求	收入有保障，按时发工资，节日有礼物，有法定假期	满足团队和家庭基本需要，让伙伴和家人安心、放心	产品质量稳定，服务周到贴心、价格亲民	实现盈利

思考与感悟

- _____
- _____
- _____
- _____
- _____

11.2　阿米巴组织架构的梳理

（1）问：梳理阿米巴组织架构的目的和意义是什么？

答：为确保企业经营战略的有效贯彻，需加强部门间的协同合作，培养更多具备经营者意识的"人财"，推动全员参与经营。通过形成共识、统一方向、凝聚合力，深入探究事物的本质，并建立部门间的双重确认机制，从而实现企业的高效运营与持续发展。

（2）问：梳理阿米巴组织架构的要点是什么？

答：① 明确业务战略与业务逻辑。

② 以市场需求为导向，深入一线现场，立足当下实际，制定切实可行的策略。

③ 优化业务流程与价值链。

④ 基于企业现状，识别并解决核心问题，推动持续改进。

⑤ 通过多层级团队的共识讨论，设计符合战略需求的组织架构。

⑥ 以企业整体利益为重，摒弃个人或部门利益优先的思维。

⑦ 确保组织划分服务于企业战略落地、高效运营、人才培养、经营结果透明化及持续改善。

⑧ 及时应对外部环境变化，明确各部门对利润的贡献。

⑨ 组织架构梳理完成后，明确各部门的职能与责任（包括二级部门的使命），聚焦核心工作，共同为企业使命、愿景、战略与目标发力，赋予各部门存在的意义，打造充满激情的团队。

（3）问：特别需要注意的问题有哪些？

答： ① 明确组织性质：在阿米巴经营模式下，首先确定组织的性质，即属于核算部门或非核算部门。

② 界定部门职能与责任：明确各部门的职能与责任。责任亦可称为使命或目的与意义，职能则是为实现该目的所需开展的具体工作内容。

③ 核算部门与非核算部门的设置规则：核算部门下可设置非核算部门，但非核算部门下不得设置核算部门。

④ 人员信息在组织架构中呈现：组织架构中需清晰标注员工姓名，以便员工明确自身位置，增强归属感。

⑤ 定期更新组织架构：无论是否有人员变动，每月均需对组织架构进行一次更新，确保信息的准确性与时效性。

思考与感悟

- _____
- _____
- _____
- _____
- _____

11.3　建立与市场相挂钩的分部门独立核算制度，构建符合阿米巴经营模式的核算规则

（1）问：建立内部核算规则的目的和意义是什么？

答：为贯彻数字化经营，需将外部市场的压力有效传递至企业内部，同时培养更多具备经营者意识的"人财"，从而实现企业的高效运营与持续发展。

（2）问：核算规则如何构建？

答：以制造型企业为例，首先需根据价值链与业务流程，明确销售部门与制造部门之间的交易关系（如定制式、库存式或合作对价），随后梳理制造部门内部各工序之间的交易关系，并确定各部门的收入确认方式。在此基础上，进一步明确费用与时间的确认规则，其中需特别关注非核算部门的

费用处理。若采用分摊制，时间需同步分摊；若采用征收制，则时间无须征收。

（3）问：收入、费用、时间规则如何梳理？

答：① 收入确认规则：基于业务链与价值链，构建企业收入分配模型，将市场压力传递至企业内部，并结合企业业务模式（定制式、库存式），明确各核算部门间及制造部门内部的交易关系。具体而言，在定制式业务模式下，采用佣金制进行收入确认；在库存式业务模式下，采用内部交易或内部买卖的方式进行收入确认。此外，在库存式销售模式下，内部交易可采用"内部交付价"机制，即以需求方实际所需价格作为交易定价依据。

② 费用确认规则：可划分为分摊制与征收制两种模式。在分摊制下，费用分配遵循"谁受益，谁承担"的原则，依据受益程度进行分摊，具体可按照人员数量或时间维度进行分配。在征收制下，则依据既定规则，以核算部门的人员数量或时间为基准进行费用征收，并明确具体分摊标准（如××元/人，××元/小时），该标准应在核算规则建立时予以确定。实际非核算部门之间的差异将计入企业汇总利润，并在内部交易汇总表的"调整"栏中列示。原则上不采用以销售额或产值为基准的分摊或征收方式，因其可能违背公平竞争原则。

③ 时间确认规则：基于工作性质与特征，将时间划分为以下四类：正常工作时间、加班时间、移动时间及分摊时间。时间确认应尽可能准确反映企业实际产生的工作时间。对于

市场部门及高级管理人员等难以明确界定工作时间的岗位，可采用"想定工作制"进行时间确认。

（4）问：有哪些注意事项？

答：① 为规范核算工作，需编制完整的核算科目说明书。该说明书应对每个核算科目进行详细阐释，确保全体员工能够准确理解各科目的核算范围与使用方法，以便在经济业务发生时正确选择相应科目进行账务处理。同时，核算科目体系应具备一定的灵活性，可根据企业实际业务模式的变化进行相应调整，适时增加或删减相关科目。

② 为了加强风险管控，企业可针对应收账款、库存及固定资产设立内部利息征收机制。具体征收期限由企业根据自身经营特点确定，征收利率宜高于同期银行贷款基准利率1~3个百分点。

③ 临时工、钟点工及兼职工的薪酬支出应计入当期费用科目，无须进行工时统计。

④ 企业应将"全员幸福投入"作为独立核算项目。计算单位时间幸福指数要用幸福相关科目（包括员工薪酬、福利及其他相关支出）的总额除以总工时。

⑤ 企业应统一规定，所有预定目标及实际业绩均须以金额形式精确至元计量。此项要求旨在强化员工的数字化思维与核算意识。

思考与感悟

- _____
- _____
- _____
- _____
- _____

11.4　构建阿米巴核算表

（1）问：构建核算表的目的和意义是什么？

答： 企业应全面推行数字化经营模式，着力提升全体员工的核算意识。阿米巴核算表作为现场管理工具，其设计应遵循简洁、直观的原则。通过实施全员参与的经营机制，企业旨在实现以下目标：一是创造更高的附加价值；二是培养具有经营者意识的"人财"；三是确保核算体系蕴含经营哲学内涵，使其成为具有灵魂的管理工具。

（2）问：如何构建核算表？

答： 根据阿米巴核算规则，企业应构建简明直观的核算体系，其核算表设计应参照家庭记账本的基本原理，以便于全员参与经营管理。具体实施时，可依据京瓷模式将核算表划分为以下两类：制造部门采用独立核算表，销售部门则与非核算部门共用一张核算表。通常情况下，一家企业仅需使用两张核算表即可满足经营管理需求。

从西方经济学的理论视角分析，制造部门主要承担价值创造职能，而销售部门则负责价值传递。这种职能划分既确保了企业经营活动的完整性，又实现了各部门的精准核算。

（3）单位时间核算表模板如图11-2所示。

①制造部门单位时间核算表（单位：元）	
科目	实绩
总出货	21 000 000
对外出货	15 000 000
企业内部销售	6 000 000
企业内部采购	3 000 000
总生产	18 000 000
费用合计	10 000 000
原材料	
折旧费	
:	
:	
支付销售佣金	1 500 000
结算收益	8 000 000
总时间	1 000
本月单位时间附加值	8 000

②销售部门单位时间核算表（单位：元）		
科目		实绩
接收订单		20 000 000
总销售额		23 000 000
库存销售	销售额	8 000 000
	销售成本	6 000 000
	收益小计	2 000 000
订单生产	销售额	15 000 000
	应付佣金	1 500 000
	收益小计	1 500 000
总收益		3 500 000
费用合计		1 500 000
电话通信费		
总经费		300 000
结算收益		2 000 000
总时间		400
本月单位时间附加值		5 000

图11-2 单位时间核算表模板

思考与感悟

- _____

- _____

- _____

- _____

11.5　预定目标

（1）问：为什么称预定，不称为"预算"？

答：预定是必达成的目标，蕴藏着强烈的愿望。稻盛和夫先生说："无论外部环境发生什么变化，都要想尽一切办法达成目标。"预算只是目标数值。

（2）问：制定年度预定目标的目的和意义是什么？

答：①落实企业战略方针的重要举措；②践行全员参与经营的理念；③旨在统一方向、凝聚力量、形成合力；④贯彻目标共有原则，依据《经营十二条》第二条，设定具体目标并与员工实时共享；⑤以实现全员物质和精神的双重幸福为宗旨。

（3）问：制定年度预定目标的一般步骤是什么？

答：市场分析→客户分析→产品分析→渠道分析→人员分析→费用分析→产能分析→供应链分析→单位时间附加值分析。基于单位时间附加值这一核心指标，自下而上设定具有挑战性的目标，并进一步开展人员分析、时间分析、费用分析及收入最大化的产品定价分析。通过这种纵横交错的系

统性分析，构建网状图，最终形成的规划方案将体现出真正
的科学严谨。

（4）问：如何达成预定目标？

答：①树立明确的目标，并坚定信念，相信目标能够实现；
②持续探索科学合理的方法；③向团队成员明确达成目标的路
径，增强他们的自信；④倾听团队成员的意见，若其建议正确，
应及时采纳；⑤以极度认真的态度，创造每一天的核算收益。

思考与感悟

- _____
- _____
- _____
- _____
- _____

11.6　经营分析会

（1）问：召开经营分析会的目的和意义是什么？

答：①贯彻经营方针，落实企业战略；②明确目标，达

成全员共识；③强化数据管理，培养核算意识；④分析经营成果，提出合理化建议与行动方案；⑤培养具有经营者意识的阿米巴长；⑥推动全员参与经营；⑦构建哲学共有的企业文化氛围。

（2）问：如何召开阿米巴经营分析会及注意要点？

答：会议通知应提前一周发布。会议前需准备相关材料，包括上月预定实绩表、本月预定表、任务单及辅助材料（如客户分析表等）。会议重点围绕阿米巴五大核心指标及波动较大的指标进行分析，形成改善课题，聚焦下月预定目标的达成路径、具体措施的可行性、应急预案的完备性及是否在上月基础上有所创新。

会议流程如下：经营管理部首先分析并跟进上月经营会议的重点事项，同时汇报企业整体经营现状；其次，各部门依次进行上月预实分析及本月预定与任务单的发表，发表顺序为先由核算部门发表，再由非核算部门发表；最后，各部门进行交叉点评。

（3）问：阿米巴经营分析会的机制是什么？

答：通常情况下，企业的经营分析会按照组织架构自下而上逐级召开。下级部门向上级汇报工作，上级部门为下级提供经营指导。从最末端的阿米巴单元开始组织经营分析会，旨在实现全员参与经营的同时，达成上下同欲的目标，具体如图 11-3 所示。

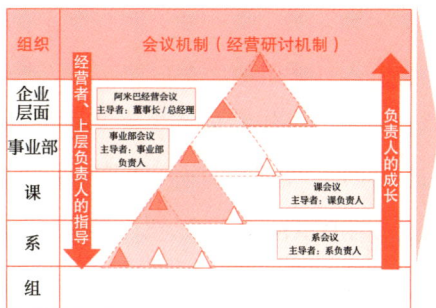

图 11-3 阿米巴经营分析会机制

思考与感悟

- _____
- _____
- _____
- _____
- _____

11.7 建立适合阿米巴经营模式的人事体系

（1）问：构建阿米巴人事体系的目的和意义是什么？

答：①支撑阿米巴经营模式的运行；②贯彻实力主义原则；③践行以心为本的经营理念；④落实公平竞争原则；⑤实现培养具有经营者意识的创富"人财"目标，达成"企业是培养人才的摇篮"这一愿景。

（2）问：阿米巴经营模式人事体系的原理是什么？

答：基于成功方程式：人生·工作结果 = 思维方式 × 热情 × 能力，构建人事评价体系时，需对照其各要素设定评价指标（见图 11-4）。首先，应高度重视工作或经营成果，即业绩指标，并将其作为核心评价依据。其次，最为关键的是确保思维方式正确，并保持持续的工作热情，即践行企业的价值观。最后，能力作为第三个要素，应通过不断提升自我能力来推动个人与企业的共同成长。

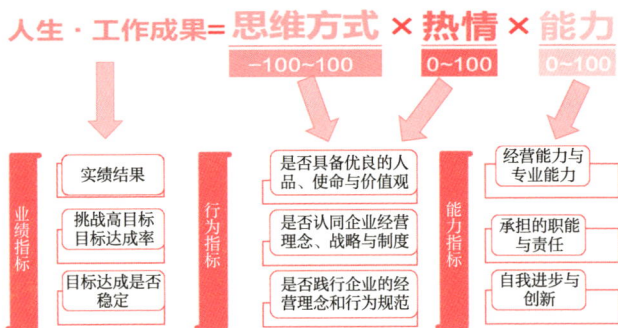

图 11-4　基于成功方程式构建人事评价体系

（3）问：阿米巴经营模式的人才观是什么？

答：践行企业哲学、持续自我革新、为企业发展做出卓越贡献的人才。

（4）问：有言实行表如何运用？

答：以京瓷集团 S1 ~ S7 奖金评价表中的业绩部分为例，如表 11-3 所示。

表11-3　有言实行表的运用

京瓷集团S1~S7奖金评价表中的业绩部分

	S1	S2和S3	S4和S5	S6和S7
	工作的量	工作的量	实绩	实绩
速度	·是否迅速处理工作 ·一定时间内处理的工作量如何 ·负责的工作能够按计划完成吗	·是否迅速处理工作 ·一定时间内处理的工作量如何 ·负责的工作能够按计划完成吗	【核算部门】 ·核算部门的达成比 ·和去年同期相比 【非核算部门】 ·按照被期待的职责所制定的核算部门达成度	【核算部门】 ·核算部门的达成比 ·和去年同期相比 【非核算部门】 ·按照被期待的职责所制定的核算部门达成度
成果	·工作的成果与预定目标或计划相比如何 ·达成目标了吗 ·工作数量与要求相比如何	·工作的成果与预定目标或计划相比如何 ·达成目标了吗 ·工作数量与要求相比如何	组织运营方面的努力 ·能否根据上司的意图进行行动 ·是否能把上司的意图用自己的语言传递给下属 ·预判指示是否准确对下属的指导 ·培养是否有成效	新事业的挑战 ·在扩大事业上有成果吗

（续表）

京瓷集团S1~S7奖金评价表中的业绩部分

工作的质量	S1	S2和S3	S4和S5	S6和S7
正确度 准确	• 工作结果正确与否 • 工作上的联络和报告是否妥当、准确 • 工作安排周密吗 • 工作完成的出色吗	• 能否准确处理工作 • 工作上的联络和报告是否妥当、准确 • 能否按照工作目的处理工作	组织运营方面的努力 • 是否得到下属的信赖 • 组织管理工作做得如何	新事业的挑战 • 在开拓新事业上有成果吗
工作的质 效率		• 能否合理安排工作 • 能否有效应用时间和费用 • 工作安排有计划性吗	新领域的努力 • 在拓展事业方面是否有成效 • 新领域的开拓是否有成果 • 业务改善是否有成果	有效的组织运营 • 能否正确掌舵 • 能否进行准确的指示 • 业务改善上有成果吗 • 能否得到下属的信赖

（5）问：晋升的期限多久一次？

答：这个要视各企业情况而定。若企业文化根基较好，可每年开展一次；若缺乏基础，则建议基层员工每季度晋升一次，中层员工每半年晋升一次，高层员工每年晋升一次。其目的在于引导员工成长，充分调动员工的工作积极性和主动性。

思考与感悟

- _____

- _____

- _____

- _____

- _____

第十二章

阿米巴经营之实操案例分享

12.1 案例分享（一）

案例背景：2018 年 5 月，俄罗斯发布非洲猪瘟疫情预警。同年 8 月，我国辽宁省发现首例猪瘟病例，随后河南省发现第二例。此后，河南省猪肉市场全面禁止生猪调运，行业遭受巨大冲击，进入寒冬期，许多企业步履维艰，甚至倒闭。在市场的严峻考验下，河南金豫农商有限公司（以下简称金农公司）始终践行使命，致力于提供绿色、安全的放心肉。金农公司团队团结一致，全员参与经营，积极应对市场变化，拓宽生猪外调渠道，并整合济源市猪肉市场资源，将挑战转化为机遇，实现了逆势增长。

面对市场诸多不利因素，金农公司业绩逆势实现跨越式增长，创造了令人瞩目的高业绩增长。其成功背后的秘诀是什么？

厦门弘盛世咨询团队（以下简称弘盛世团队）历时四年的企业辅导，为金农公司带来了显著的变革与提升，主要体现在以下几个方面。

（1）企业经营的根本目标在于实现可持续发展。企业基业长青的核心要素在于其独特的文化基因和价值理念。经营者的使命主要体现在以下三个方面。

首先，在员工层面，经营者应致力于提升全体员工的物质与精神双重幸福感，构建和谐共进的企业氛围。

其次，在客户层面，经营者应以提供绿色、安全的优质产品为己任，确保放心肉品走进千家万户，切实保障消费者权益。

最后，在社会层面，经营者应积极发挥行业引领作用，推动产业健康发展，为社会经济进步做出应有贡献。

稻盛和夫先生在《经营十二条》中强调，使命是企业存在的根本理由，也是员工选择留在企业的核心动力。一个光明正大、意义深远的事业目标，最能激发员工内心的共鸣，赢得他们长期、全方位的支持与协作。同时，这种崇高的使命感和大义名分，也为经营者提供了强大的精神力量，使其能够以坚定的信念和坦荡的姿态，全身心地投入企业经营，不受外界干扰，始终朝着正确的方向前进。

弘盛世团队始终秉持"以人为本"的经营理念，将员工福祉置于首位。在经营管理实践中，领导者通过持续的人文关怀，构建了紧密的团队凝聚力。即便面临市场周期性低迷的严峻挑战，团队成员仍能保持高度团结，以协同作战的精神相互支持，共同奋斗。

团队以"大家族主义"为组织文化核心，通过统一战略方向，整合各方资源，形成了强大的发展合力。这种独特的经营模式不仅帮助团队成功抵御了行业寒冬的冲击，更将危机转化为发展机遇，实现了逆势增长。

在企业发展的进程中，全体员工获得了显著的物质回报与精神成长。具体而言，2018年与2017年相比，员工平均工资实现了147%的显著增长，其中中高层管理人员及核心骨干员工的薪酬增幅更为突出，达到2～5倍。

这一发展成果不仅体现在物质层面，更体现在员工的职业成长与价值实现上。通过持续的能力提升与岗位历练，员工在专业技能、管理能力等方面取得了长足进步，实现了个人价值的有效提升。同时，企业构建的积极向上的组织文化，也使员工获得了充实的精神满足与职业幸福感。

（2）弘盛世团队在管理实践中强调，经营者应当率先垂范，以身作则。金农公司总经理李总长期深入一线，与基层员工并肩作战。在业务高峰期，他几乎整月坚守工作现场，以实际行动诠释了领导者的担当与责任。正如古语所言："桃李不言，下自成蹊。"李总这种身先士卒的工作作风，展现出强大的示范效应，激发了金农公司全体员工的奋斗精神，使团队形成了强大的凝聚力。这一案例再次印证了一个深刻的道理：使命不是靠口号喊出来的，而是通过实干和担当践行出来的。

（3）弘盛世团队通过系统性辅导，成功培育了全员阿米巴经营意识。阿米巴经营模式作为企业哲学落地的重要载体，其核心在于将组织细分为独立核算单元，使经营成果清晰可见。通过引入单位时间附加值作为统一评价标准，有效激发了组织活力，促使员工自发、主动地以积极态度投入工作，在创造高收益的同时实现企业使命，形成良性经营闭环。

阿米巴经营体系具有三大核心目标：其一，建立与市场动态紧密衔接的分部门核算制度，将市场竞争压力有效传导至企业内部；其二，培养具备经营者意识的"人财"；其三，在统一经营哲学的基础上，推动全员参与经营。这一先进的经营理念已在企业逐步深化，并取得显著成效，展现出强大的生命力。

弘盛世团队指导金农公司制定预定目标，强调预定即承诺，必须确保 100% 达成。弘盛世团队引导金农公司将能力着眼于未来发展，鼓励其为实现使命而勇于挑战高目标，展现出坚定的愿望与决心。同时，弘盛世团队辅导金农公司如何有效召开经营分析会，运用 PDCA 循环进行管理。此外，弘盛世团队还指导金农公司灵活运用核算表，制作阿米巴任务单，并通过数据分析洞察经营本质，进行复盘以持续改善，实现螺旋式上升。

（4）弘盛世团队指导企业设计与阿米巴经营模式相匹配的人事管理体系，包括薪酬结构、福利制度、晋升机制、绩效奖金及人才培养模式等核心要素。弘盛世团队着重指导企业建立与经营目标相一致的价值观评价体系，帮助员工明确发展方向与个人成长路径。同时，弘盛世团队还系统性地指导企业管理者掌握人才培养、团队教育与激励机制的有效方法，以促进组织与个人的共同发展。

（5）哲实融合，协同并进。数字化经营模式实现了每日精准核算，使各阿米巴单元能够实时掌握经营成果，清晰量化工作成效。在实践中，稻盛和夫经营哲学贯穿始终，经营报表数据背后均深刻体现了其核心原理。阿米巴经营模式为哲学落地提供了切实可行的实施路径。

通过为期四年的系统化辅导，弘盛世团队为金农公司注入了全新的经营管理理念。具体而言，数字化经营体系的建立、全员目标共识的达成、经营哲学的内化实践、价值观的行为转化，以及企业使命的深度贯彻，共同构成了金农公司成功的关键要素。这一系列变革举措不仅提升了企业的经营管理水平，更为其可持续发展奠定了坚实基础。

思考与感悟

- _____
- _____
- _____
- _____
- _____

12.2　案例分享（二）

案例背景：厦门欧瑞捷生物科技有限公司（以下简称欧瑞捷）是一家专注生物科技领域的国家级专精特新"小巨人"企业。2021 年 11 月，欧瑞捷正式与厦门弘盛世咨询团队合作，开展阿米巴经营模式的系统化导入与实施。

2022 年，面对新冠疫情的多轮冲击，包括厦门总部及河南分公司生产基地多次因疫情管控而停工停产等不利因素，欧瑞捷全体员工迎难而上，实现了经营业绩的逆势增长。数据显示，与 2021 年相比，欧瑞捷 2022 年度销售额同比增长120%（注：在累计停工 2～3 个月的情况下实现），税前利润增幅达 175%，经营利润率显著高于行业标杆企业设定的 15%基准值（具体数值因涉及商业机密不便披露），创下历史新高。这一成绩充分印证了稻盛和夫先生"销售最大化、费用最小化"的经营理念。

更为重要的是，欧瑞捷在 2023 年继续保持强劲发展势头。全体员工以饱满的信心向接近翻倍的年度经营目标发起挑战，致力于通过高目标的达成实现企业"物质与精神双丰收"的经营理念。截至 2023 年上半年，企业已实现 2022 年度全年税前利润的 80%。

在导入阿米巴经营模式一年多的时间里，欧瑞捷在经营管理层面实现了显著提升，主要体现在以下三个方面。

（1）企业哲学的有效渗透。欧瑞捷通过系统梳理，构建了符合企业特质的企业文化体系。全体员工深入学习稻盛和夫经营理念，深刻认识到思维方式与工作热情的重要性，展现出积极挑战高目标的强烈意愿。为确保企业文化的一致性，公司特别在河南分公司生产基地开展系列培训与经验分享活动，显著提升了部门间的协同效率，增强了团队凝聚力。

（2）阿米巴分部门独立核算体系的构建。随着阿米巴经营模式的深入实施，欧瑞捷通过组织架构优化、核算规则制定及核算体系构建，使各阿米巴单元充分参与经营管理。尽管初期存在适应过程，但随着时间的推移，员工对经营管理的理解逐步深化，切实体会到"销售最大化、费用最小化"这一经营原则的重要性，并将其贯彻到日常经营实践中。

（3）管理团队领导力的显著提升。作为集研发与制造于一体的高新技术企业，欧瑞捷汇聚了大量高端人才。针对欧瑞捷团队成员个性鲜明、协同不足的特点，厦门弘盛世咨询团队为其核心管理层量身定制了涵盖领导力提升、经营哲学与人生哲学的多维度专题培训。其中，合成事业部负责人郑飞剑与李刚经理在培训中深受启发，深刻领悟到"周围的一切现状都是自己内心的折射"这一哲学理念，并将其应用于团队管理实践，实现了领导力的显著提升。

现在，欧瑞捷已成功把阿米巴经营模式运用到卢旺达并购的企业经营当中，创造了高收益。

思考与感悟

-
-
-
-
-